CHARLES BAUDELAIRE

POEMAS Y TEXTOS MALDITOS

astria

POEMAS Y TEXTOS MALDITOS
Charles Baudelaire

Supervisión Editorial: Óscar Flores López
Diseño de portada: Andrea Rodríguez—Mariana Turcios
Administración: Tesla Rodas
Director Ejecutivo: José Azcona Bocock

Primera Edición
Tegucigalpa, Honduras—Junio de 2025

LOS VERSOS DEL POETA MALDITO

Llamar a esta antología **POEMAS Y TEXTOS MALDITOS** no es una simple concesión a lo provocador ni a lo oscuro. Es, en cambio, una confesión sincera, un guiño lúcido a la historia de una de las sensibilidades más inquietantes de la literatura moderna: Charles Baudelaire.

El título no solo recoge el espíritu que emana de estos escritos —una mezcla embriagante de belleza, decadencia, furia, spleen y elevación—, sino también el juicio con que la sociedad de su tiempo y, en cierta medida, la posteridad, han marcado su obra y su vida.

Baudelaire fue, antes que nada, un artista trágico. No porque buscara el drama deliberadamente, sino porque encarnó una forma de vivir y de escribir que inevitablemente conducía al abismo. Su obra más célebre, Les Fleurs du Mal (Las flores del mal), fue censurada apenas publicada. Se le acusó de ofender la moral pública y religiosa.

Se prohibieron seis poemas. Y, sin embargo, en cada uno de ellos palpitaba una mirada más profunda, más despierta y compasiva que la de sus jueces: una mirada que no rehuía el mal, sino que intentaba comprenderlo, casi transfigurarlo, para encontrar allí —en lo más bajo, en lo rechazado— alguna chispa de revelación estética o metafísica.

Se le llamó "poeta maldito", no solo por la condena judicial, sino por su vida misma, que parecía una extensión de su escritura: excesiva, ardiente, desgarrada. Amó el alcohol, el opio, los prostíbulos, los márgenes. Detestó la vulgaridad burguesa, la rutina, el progreso maquinal. Fue dandi, visionario, melancólico crónico, cronista de lo efímero y profeta de lo eterno. Lo suyo fue el malestar moderno antes de que el siglo XX aprendiera a nombrarlo.

En Baudelaire, el artificio y la sinceridad no se contradicen. El artificio es su forma de sinceridad. Cada adjetivo está cincelado, cada imagen es deliberada. Pero detrás del oropel verbal, hay una búsqueda radical de sentido. En su famosa sentencia —"el poeta es como el príncipe de las nubes"— resuena la conciencia de su destino: elevado y caído, incomprendido, exiliado del mundo común.

Los textos reunidos aquí —poemas, ensayos, reflexiones— son parte de ese universo maldito. Algunos por su temática: el erotismo, la muerte, el hastío, el satanismo, el spleen de París. Otros por su intención: sacudir al lector, forzarlo a pensar, a ver, a soñar más allá del velo de lo aceptable. La lucidez que los atraviesa no es cómoda.

A menudo es cruel. Pero rara vez ha habido una mirada tan fiel al ser humano en su complejidad: su miseria y su deseo, su debilidad y su anhelo de infinito.

Esta antología no pretende redimir a Baudelaire, porque él no pidió redención. Tampoco busca justificarlo. Solo quiere, humildemente, poner al alcance del lector contemporáneo esas páginas que aún arden, que aún sangran, que aún ofenden, y que por eso mismo siguen vivas.

Poemas y textos malditos: porque en cada maldición, Baudelaire supo encontrar el eco de una verdad poética, hermosa e insoportable.

COLECCIÓN ERANDIQUE

EL GATO

Ven, bello gato, a mi amoroso pecho;
Retén las uñas de tu pata,
Y deja que me hunda en tus ojos hermosos,
Mezcla de ágata y metal.

Mientras mis dedos peinan suavemente
Tu cabeza y tu lomo elástico,
Mientras mi mano de placer se embriaga
Al palpar tu cuerpo eléctrico,

A mi señora creo ver. Su mirada,
Como la tuya, amable bestia,
Profunda y fría, hiere cual dardo,

Y, de los pies a la cabeza,
Un sutil aire, un peligroso aroma,
Bogan en torno a su tostado cuerpo.

A LA QUE ES DEMASIADO ALEGRE

Tu cabeza, tu gesto, tu aire
Como un bello paisaje, son bellos;
Juguetea en tu cara la risa
Cual fresco viento en claro cielo.

El triste paseante al que rozas
Se deslumbra por la lozanía
Que brota como un resplandor
De tus espaldas y tus brazos.

El restallante colorido
De que salpicas tus tocados
Hace pensar a los poetas
En un vivo ballet de flores.

Tus locos trajes son emblema
De tu espíritu abigarrado;
Loca que me has enloquecido,
Tanto como te odio te amo.

Frecuentemente en el jardín
Por donde arrastro mi atonía,
Como una ironía he sentido
Que el sol desgarraba mi pecho;

Y el verdor y la primavera
Tanto hirieron mi corazón,
Que castigué sobre una flor
La osadía de la Naturaleza.

Así, yo quisiera una noche,
Cuando la hora del placer llega,
Trepar sin ruido, como un cobarde,
A los tesoros que te adornan,

A fin de castigar tu carne,
De magullar tu seno absuelto
Y abrir a tu atónito flanco
Una larga y profunda herida.

Y, ¡vertiginosa dulzura!
A través de esos nuevos labios,
Más deslumbrantes y más bellos,
Mi veneno inocularte, hermana.

A THEODORE DE BANVILLE

De la Diosa empuñasteis la espesa cabellera,
con vigor tal, que todos os hubieran tomado,
al ver ese aire altivo y ese hermoso abandono,
por un joven rufián que golpease a su amante.

La mirada incendiada por un fuego precoz,
vuestro orgullo de artífice sin pudor exhibisteis,
en esas construcciones cuya audacia correcta
anticipa los frutos de vuestra madurez.

Poeta, nuestra sangre por cada poro escapa.
¿Tal vez por un azar la veste del Centauro,
que cada vena en fúnebre arroyo transformó,

fue tres veces teñida en las sutiles lavas
de aquellos monstruosos reptiles vengativos,
que Hércules en su cuna un día estrangulara?

A UNA TRANSEÚNTE

La calle atronadora aullaba en torno mío.
Alta, esbelta, enlutada, con un dolor de reina
Una dama pasó, que con gesto fastuoso
Recogía, oscilantes, las vueltas de sus velos,

Agilísima y noble, con dos piernas marmóreas.
De súbito bebí, con crispación de loco.
Y en su mirada lívida, centro de mil tomados,
El placer que aniquila, la miel paralizante.

Un relámpago. Noche. Fugitiva belleza
Cuya mirada me hizo, de un golpe, renacer.
¿Salvo en la eternidad, no he de verte jamás?

¡En todo caso lejos, ya tarde, tal vez nunca!
Que no sé a dónde huiste, ni sospechas mi ruta,
¡Tú a quien hubiese amado. Oh tú, que lo supiste!

ABEL Y CAÍN

I

Raza de Abel, traga y dormita;
Dios te sonríe complacido

Raza de Caín, en el fango
Cae y miserablemente muere.

Raza de Abel, tu sacrificio
¡Le huele bien al Serafín!

Raza de Caín, tu suplicio
¿Tendrá un final alguna vez?

Raza de Abel, mira tus siembras
y tus rebaños prosperar;

Raza de Caín, tus entraña
Aúllan hambrientas como un can.

Raza de Abel, caldea tu vientre
Junto a la lumbre patriarcal;

Raza de Caín, en tu antro,
Pobre chacal, ¡tiembla de frío!

Raza de Abel, ¡ama y pulula!
Tu oro también produce hijos;

Raza de Caín, corazón ígneo,
Cuídate de esos apetitos.

Raza de Abel, creces y engordas
¡Como chinche en la madera!

Raza de Caín, por los caminos,
Lleva a tu gente temerosa.

II

¡Ah, raza de Abel, tu carroña
Abonará el humeante suelo!

Raza de Caín, tu tarea
Todavía no la cumpliste;

Raza de Abel, mira tu oprobio:
¡El chuzo al hierro venció!

Raza de Caín, sube al cielo,
¡Y arroja a Dios sobre la tierra!

CIELO NEBLINOSO

Se diría cubierta de vapor tu mirada;
Tu mirar misterioso (¿es azul, gris o verde?)
Alternativamente tierno, cruel, soñador,
Refleja la indolencia y palidez del cielo.

Recuerdas los días blancos, y tibios y velados,
Que a las cautivas almas hacen fundirse en lágrimas,
Cuando, presa de un mal confuso que los tensa,
Los excitados nervios se burlan del dormido.

A veces te asemejas a esos bellos paisajes
Que iluminan los soles de estaciones brumosas…
¡Y cómo resplandeces, oh mojado paisaje
Que atraviesan los rayos entre un cendal de niebla!

¡Oh mujer peligrosa, oh seductores climas!
¿Acabaré adorando vuestras nieves y escarchas,
Y, al cabo, arrancaré del implacable invierno
Placeres más agudos que el hielo y que la espada?

CONFESIÓN

Una vez, una sola, mujer dulce y amable,
    En mi brazo el vuestro pulido
Se apoyó (sobre del denso fondo de mi alma
    Ese recuerdo no ha palidecido);

Era tarde; al igual que una medalla nueva,
    La Luna llena apareció,
Y la solemnidad nocturna, como un río,
    Sobre París dormido se extendía.

Los gatos, por debajo de las puertas de coches,
    Deslizábanse furtivos
El oído al acecho o, como sombras caras,
    Nos seguían despacio.

Y de súbito, en medio de aquella intimidad,
    Abierta en la luz pálida,
De Vos, rico y sonoro instrumento en que vibra
    La más luminosa alegría,

De vos, clara y alegre igual que una fanfarria
    En la mañana chispeante,
Una quejosa nota, una insólita nota
    Vacilante se escapó,

Como un niño sombrío, horrible y enfermizo
    Que a su familia avergonzara,
Y al que durante años, para ocultarlo al mundo,
    En una cueva habría encerrado.

Vuestra discorde nota, ¡mi pobre ángel! cantaba:
    «Que aquí abajo nada es firme,
Y que siempre, aunque mucho se disfrace,
    El egoísmo humano se traiciona;

Que es un oficio duro el de mujer hermosa
Y que es más bien tarea banal,
De la loca y helada bailarina fijada
En maquinal sonrisa;

Que fiar en corazones es algo bien estúpido;
Que es todo trampa, belleza y amor,
Y al final el Olvido los arroja a un cesto
¡Y los torna a la Eternidad!»

Esa luna encantada evoqué con frecuencia,
Ese silencio y esa languidez,
Y aquella confidencia penosa, susurrada
Del corazón en el confesionario.

CONDENACIÓN

El banco inextricable y duro,
El arduo pasadizo, el voraz maëlstrom,
Menos arena arrastran y menos broza impura

Que nuestros corazones, donde se mira el cielo;
Son como promontorios en el aire sereno,
Donde el faro destella, centinela benéfico,
Pero abajo minados por corrosivas lapas;

Podríamos compararlos todavía al albergue,
Del hambriento esperanza, donde golpean de noche,
Jurando, heridos, rotos, solicitando asilo,
Prelados y estudiantes, rameras y soldados.

Nunca regresaran a las sucias alcobas;
Guerra, ciencia y amor, nada nos necesita.
El atrio estaba helado, infectos vino y lecho;
¡Hay que servir de hinojos a visitantes tales!

EL CREPÚSCULO MATUTINO

La diana resonaba en todos los cuarteles
Y apagaba las lámparas el viento matutino.

Era la hora en que enjambres de maléficos sueños
Ahogan en sus almohadas a los adolescentes;
Cuando tal palpitante y sangrienta pupila,
La lámpara en el día traza una mancha roja
Y el alma, bajo el peso del cuerpo adormilado,
Imita los combates del día y de la lámpara.
Como lloroso rostro que enjugase la brisa,
Llena el aire un temblor de cosas fugacísimas
Y se cansan los hombres de escribir y de amar.

Empiezan a humear acá y allá las casas,
Las hembras del placer, con el párpado lívido,
Reposan boquiabiertas con derrengado sueño;
Las pobres, arrastrando sus fríos y flacos senos,
Soplan en los tizones y soplan en sus dedos.
Es la hora en que, envueltas en la mugre y el frío,
Las parturientas sienten aumentar sus dolores;
Como un roto sollozo por la sangre que brota
El canto de los gallos desgarra el aire oscuro;
Baña los edificios un océano de niebla,
y los agonizantes, dentro, en los hospitales,
Lanzan su último aliento entre hipos desiguales.
Los libertinos vuelven, rotos por su labor.

La friolenta aurora en traje verde y rosa
Avanzaba despacio sobre el Sena desierto
Y el sombrío Paris, frotándose los ojos,
Empuñaba sus útiles, viejo trabajador.

EL ENEMIGO

Mi juventud no fue sino un gran temporal
Atravesado, a rachas, por soles cegadores;
Hicieron tal destrozo los vientos y aguaceros
Que apenas, en mi huerto, queda un fruto en sazón.

He alcanzado el otoño total del pensamiento,
Y es necesario ahora usar pala y rastrillo
Para poner a flote las anegadas tierras
Donde se abrieron huecos, inmensos como tumbas.

¿Quién sabe si los nuevos brotes en los que sueño,
Hallarán en mi suelo, yermo como una playa,
El místico alimento que les daría vigor?

—¡Oh dolor! ¡Oh dolor! Devora vida el Tiempo,
Y el oscuro enemigo que nos roe el corazón,
Crece y se fortifica con nuestra propia sangre.

YO AMO EL RECUERDO

Yo amo el recuerdo de esas épocas desnudas,
En que Febo se complacía en dorar las estatuas,
Cuando el hombre y la mujer en su agilidad
Gozaban sin mentira y sin ansiedad,
Y, el cielo amoroso acariciándoles el lomo,
Desplegaban la salud de su noble máquina.
Cibeles, entonces, fértil en frutos generosos,
No estimaba sus redes un peso muy oneroso,
Pero, loba de corazón henchido de ternuras vulgares,
Amamantaba al universo con sus pezones morenos.
El hombre, elegante, robusto y fuerte, tenía el derecho
De mostrarse orgulloso de las beldades que le llamaban su rey;
¡Frutos puros de todo ultraje y vírgenes de grietas,
Cuya carne lisa y firme atraía las mordeduras!

El Poeta actualmente, cuando quiere concebir
Estas nativas grandezas, en los lugares donde se dejan ver
La desnudez del hombre y de la mujer,
Siente un frío tenebroso envolver su alma
Ante este negro cuadro lleno de espanto.
¡Oh, monstruosidades llorando su vestimenta!
¡Oh, ridículos troncos! ¡torsos dignos de máscaras!
¡Oh, pobres cuerpos retorcidos, flacos, ventrudos o fláccidos,
Que el dios Utilitario, implacable y sereno,
Niños, los fajó en sus pañales de bronce!
¡Y vosotras, mujeres, ¡ah!, pálidas cual cirios
Que roe y que nutre el libertinaje, y vosotras, vírgenes,
Del vicio materno arrastrando la herencia.
Y todas las fealdades de la fecundidad!

Nosotros tenemos, es verdad, naciones corrompidas,
De los pueblos antiguos, bellezas ignoradas:
Rostros corroídos por los chancros del corazón,

Y como quien diría bellezas de la languidez,
Pero estas invenciones de nuestras musas tardías
No impedirán jamás a las razas enfermizas
Rendir a la juventud un homenaje profundo,
-¡A la santa juventud, al aire simple, a la dulce frente,
A la mirada límpida y clara como un agua corriente,
Y que va derramando sobre todo, indiferente
Como el azul del cielo, los pájaros y las flores,
Sus perfumes, sus cánticos y sus dulces colores!

AL LECTOR

La necedad, el error, el pecado, la tacañería
ocupan nuestros espíritus y trabajan nuestros cuerpos,
y alimentamos nuestros amables remordimientos,
como los mendigos nutren su miseria.

Nuestros pecados son testarudos, nuestros arrepentimientos
cobardes;
nos hacemos pagar largamente nuestras confesiones,
y entramos alegremente en el camino cenagoso,
creyendo con viles lágrimas lavar todas nuestras manchas.

Sobre la almohada del mal está Satán Trismegisto,
que mece largamente nuestro espíritu encantado,
y el rico metal de nuestra voluntad
está todo vaporizado por este sabio químico.

¡Es el Diablo quien empuña los hilos que nos mueven!
A los objetos repugnantes les encontramos atractivos;
cada día hacia el Infierno descendemos un paso,
sin horror, a través de las tinieblas que hieden.

Cual un libertino pobre que besa y muerde
el seno martirizado de una vieja ramera,
robamos, al pasar, un placer clandestino
que exprimimos bien fuerte cual vieja naranja.

Oprimido, hormigueante, como un millón de helmintos,
en nuestros cerebros bulle un pueblo de demonios,
y, cuando respiramos, la Muerte a los pulmones
desciende, río invisible, con sordas quejas.

Si la violación, el veneno, el puñal, el incendio
todavía no han bordado con sus placenteros diseños
el canevás banal de nuestros tristes destinos,
es porque nuestra alma, ¡ah!, no es bastante osada.

Pero, entre los chacales, las panteras, los podencos,
los simios, los escorpiones, los gavilanes, las sierpes,
los monstruos chillones, aullantes, gruñones, rampantes
en la jaula infame de nuestros vicios,

¡hay uno más feo, más malo, más inmundo!
Si bien no produce grandes gestos ni grandes gritos,
haría, complacido, de la tierra un despojo
y, en un bostezo, tragaríase el mundo:

¡Es el Tedio! —los ojos preñados de involuntario llanto,
sueña con patíbulos mientras fuma su pipa...
Tú conoces, lector, este monstruo delicado,
—¡Hipócrita lector, —mi semejante, —mi hermano!

EL EXTRANJERO

—¿A quién quieres más, hombre enigmático? Dime: ¿a tu padre, a tu madre, a tu hermana o a tu hermano?
—Ni padre, ni madre, ni hermana, ni hermano tengo.
—¿A tus amigos?
—Empleáis una palabra cuyo sentido, hasta hoy, no he llegado a conocer.
—¿A tu patria?
—Ignoro en qué latitud está situada.
—¿A la belleza?
—Bien la querría, ya que es diosa e inmortal.
—¿Al oro?
—Lo aborrezco lo mismo que aborrecéis vosotros a Dios.
—Pues ¿a quién quieres, extraordinario extranjero?
—Quiero a las nubes… a las nubes que pasan… por allá… ¡a las nubes maravillosas!

BENDICIÓN

Cuando, por un decreto de las potencias supremas,
el Poeta aparece en este mundo hastiado,
su madre, espantada y llena de blasfemias,
crispando los puños hacia Dios, que de ella se apiada:

—"¡Ah! ¡No haber parido todo un nudo de víboras,
antes que amamantar esta irrisión!
¡Maldita sea la noche de placeres efímeros
en que mi vientre concibió mi expiación!

Puesto que tú me has escogido entre todas las mujeres
para ser el asco de mi triste marido,
y como yo no puedo arrojar a las llamas,
como una esquela de amor, este monstruo esmirriado,

¡yo haré rebotar tu odio que me agobia
sobre el instrumento maldito de tus perversidades,
y he de retorcer tan bien este árbol miserable,
que no podrán retoñar sus brotes apestados!"

Ella vuelve a tragar la espuma de su odio,
y, no comprendiendo los designios eternos,
ella misma prepara en el fondo de la Gehena
las hogueras consagradas a los crímenes maternos.

Sin embargo, bajo la tutela invisible de un Ángel,
el Niño desheredado se embriaga de sol,
y en todo cuanto bebe y en todo cuanto come
encuentra la ambrosía y el néctar bermejo.

Él juega con el viento, conversa con la nube,
y se embriaga cantando el camino de la cruz;
y el Espíritu que le sigue en su peregrinaje
llora al verle alegre cual pájaro de los bosques.

Todos aquellos que él quiere lo observan con temor,
o bien, enardeciéndose con su tranquilidad,
buscan al que sabrá arrancarle una queja
y hacen sobre él el ensayo de su ferocidad.

En el pan y el vino destinados a su boca
mezclan la ceniza con los impuros escupitajos;
con hipocresía arrojan lo que él toca,
y se acusan de haber puesto sus pies sobre sus pasos.

Su mujer va clamando en las plazas públicas:
"Puesto que él me encuentra bastante bella para adorarme,
yo desempeñaré el cometido de los ídolos antiguos,
y, como ellos, yo quiero hacerme redorar;

¡Y me embriagaré de nardo, de incienso, de mirra,
de genuflexiones, de viandas y de vinos,
para saber si yo puedo, de un corazón que me admira,
usurpar riendo los homenajes divinos!

Y, cuando me hastíe de estas farsas impías,
posaré sobre él mi frágil y fuerte mano;
y mis uñas, parecidas a garras de arpías,
sabrán hasta su corazón abrirse un camino.

Como un pájaro muy joven que tiembla y que palpita,
yo arrancaré ese corazón enrojecido de su seno,
y, para saciar mi bestia favorita,
yo se lo arrojaré al suelo con desdén."

Hacia el Cielo, donde su mirada alcanza un trono espléndido,
el Poeta sereno eleva sus brazos piadosos,
y los amplios destellos de su espíritu lúcido
le ocultan el aspecto de los pueblos furiosos:

—"¡Bendito seas, mi Dios, que dais el sufrimiento
como divino remedio a nuestras impurezas,
y cual la mejor y la más pura esencia
que prepara los fuertes para las santas voluptuosidades!

Yo sé que reservarás un lugar para el Poeta
en las filas bienaventuradas de las Santas Legiones,
y que lo invitarás para la eterna fiesta
de los Tronos, de las Virtudes, de las Dominaciones.

Yo sé que el dolor es la nobleza única,
donde no morderán jamás la tierra y los infiernos,
y que es menester, para trenzar mi corona mística,
imponer todos los tiempos y todos los universos.

Pero las joyas perdidas de la antigua Palmira,
los metales desconocidos, las perlas del mar,
por vuestra mano engastados, no serían suficientes
para esa hermosa Diadema resplandeciente y diáfana;

porque no será hecha más que de pura luz,
tomada del hogar santo de los rayos primitivos,
y de la que los ojos mortales, en su esplendor entero,
no son sino espejos oscurecidos y dolientes."

CUANDO EN EL FONDO DUERMAS, MI BELLA TENEBROSA

Cuando en el fondo duermas, mi bella tenebrosa,
de una bóveda en mármol oscuro trabajado,
y ya no tengas más por alcoba y morada
que una llovida cueva y que una huesca fosa;

cuando la tierra oprima tu carne perezosa
y tus flancos, que el ocio con encanto ha pulido,
ni haya en tu corazón el amor, ni el latido,
ni tus pies puedan ir tras de ninguna cosa,

la tumba, confidente de mi sueño infinito,
en esas noches de las que el sueño está proscrito
—la tumba y el poeta son hermana y hermano—,

te dirá: "Cortesana de atractivos inciertos,
¿de qué te vale ahora ignorar a los muertos?"
Como un remordimiento te roerá el gusano.

ALEGORÍA

Es una mujer bella y de espléndido porte,
que en el vino arrastrar deja su cabellera.
Las garras del amor, los venenos del antro,
resbalan sin calar en su piel de granito.
Se chancea de la Muerte y del Libertinaje:
los monstruos, cuya mano desgarradora y áspera
ha respetado siempre, en sus juegos fatales,
la ruda majestad de ese cuerpo arrogante.

Camina como diosa, posa como sultana;
una fe mahometana deposita en el goce,
y, con abiertos brazos que los senos resaltan,
con la mirada invita a la raza mortal.

Cree o, mejor aún, sabe —esta infecunda virgen,
necesaria, no obstante, en la marcha del mundo—
que la hermosura física es un sublime don
que de toda ignominia sabe obtener clemencia.

Tanto como el Infierno, el Purgatorio ignora,
y, cuando llegue la hora de internarse en la Noche,
contemplará de frente el rostro de la Muerte,
como un recién nacido —sin odio ni pesar.

EL ALMA DEL VINO

Cantó una noche el alma del vino en las botellas:
«¡Hombre, elevo hacia ti, caro desesperado,
desde mi vítrea cárcel y mis lacres bermejos,
un cántico fraterno y colmado de luz!

Sé cómo es necesario, en la ardiente colina,
penar y sudar bajo un sol abrasador,
para engendrar mi vida y para darme el alma;
mas no seré contigo ingrato o criminal.

Disfruto de un placer inmenso cuando caigo
en la boca del hombre al que agota el trabajo,
y su cálido pecho es dulce sepultura
que me complace más que mis frescas bodegas.

¿Escuchas resonar los cantos del domingo
y gorjear la esperanza de mi jadeante seno?
De codos en la mesa y con desnudos brazos
cantarás mis loores y feliz te hallarás;

encenderé los ojos de tu mujer dichosa;
devolveré a tu hijo su fuerza y sus colores,
siendo para ese frágil atleta de la vida
el aceite que pule del luchador los músculos.

Y he de caer en ti, vegetal ambrosía,
raro grano que arroja el sembrador eterno,
porque de nuestro amor nazca la poesía
que hacia Dios se alzará como una rara flor!»

EL AMOR Y EL CRÁNEO

Se sienta el Amor en el cráneo
De la Humanidad,
Y sobre tal solio el profano,
Con risa procaz,

Sopla alegremente redondas burbujas,
Que en el aire suben,
Como para juntarse a los mundos
Al fondo del éter.

El globo luminoso y frágil
En un amplio vuelo,
Revienta y escupe su alma pequeña
Como un áureo sueño.

Y oigo al cráneo, a cada burbuja,
Rogar y gemir:
—«Este fuego feroz y ridículo,
¿Cuándo acabará?

Pues lo que tu boca cruel
Esparce en el aire,
Monstruo asesino, es mi cerebro,
¡Mi sangre y mi carne!»

EL BELLO NAVÍO

Yo te quiero contar, ¡oh lánguida hechicera!
Los distintos encantos que ornan tu juventud;
Trazar deseo tu belleza
Donde, a la par, se alían infancia y madurez.

Cuando pasas, barriendo el aire con tu falda
Semejas a un bajel que enfila la bocana
Y anda balanceándose, desplegadas las velas,
Siguiendo un ritmo dulce y perezoso y lento.

Sobre tu esbelto cuello y tus anchas espaldas
Se pavonea con gracia tu altanera cabeza;
Con aire plácido y triunfal
Continúas tu camino, majestuosa niña.

Yo te quiero contar, ¡oh lánguida hechicera!
Los distintos encantos que ornan tu juventud;
Trazar deseo tu belleza
Donde, a la par, se alían infancia y madurez.

Tu seno que se comba, oprimiendo el moaré,
Tu seno triunfante es un pulido armario
Cuyas dos jambas claras y arqueadas
Se parecen a escudos que aferrasen la luz.

¡Provocantes defensas con dos rosadas puntas!
Mueble dulce en secretos, lleno de cosas ricas:
Vinos, perfumes, néctares,
Que harían delirar mentes y corazones.

Cuando pasas, barriendo el aire con tu falda,
Semejas a un bajel que enfila la bocana
Y anda balanceándose, desplegadas las velas,
Siguiendo un ritmo dulce y perezoso y lento.

Tus piernas escultóricas, bajo airosos volantes,
Provocan y exasperan las fiebres más oscuras,
Cual dos brujas batiendo
En profunda vasija el más siniestro tósigo.

Tus brazos que anhelaran los hércules precoces,
Son los más firmes émulos de las boas deslizantes,
Pensados para asir
Como para tatuar en tu pecho a tu amante.

Sobre tu esbelto cuello y tus anchas espaldas,
Se pavonea con gracia tu cabeza altanera;
Con aire plácido y triunfal
Continúas tu camino, majestuosa niña.

CORRESPONDENCIAS

La Natura es un templo donde vividos pilares
Dejan, a veces, brotar confusas palabras;
El hombre pasa a través de bosques de símbolos
que lo observan con miradas familiares.

Como prolongados ecos que de lejos se confunden
En una tenebrosa y profunda unidad,
Vasta como la noche y como la claridad,
Los perfumes, los colores y los sonidos se responden.

Hay perfumes frescos como carnes de niños,
Suaves cual los oboes, verdes como las praderas,
Y otros, corrompidos, ricos y triunfantes,

Que tienen la expansión de cosas infinitas,
Como el ámbar, el almizcle, el benjuí y el incienso,
Que cantan los transportes del espíritu y de los sentidos.

EL ALBATROS

Por distraerse, a veces, suelen los marineros
Dar caza a los albatros, grandes aves del mar,
Que siguen, indolentes compañeros de viaje,
Al navío surcando los amargos abismos.

Apenas los arrojan sobre las tablas húmedas,
Estos reyes celestes, torpes y avergonzados,
Dejan penosamente arrastrando las alas,
Sus grandes alas blancas semejantes a remos.

Este alado viajero, ¡qué inútil y qué débil!
Él, otrora tan bello, ¡qué feo y qué grotesco!
¡Éste quema su pico, sádico, con la pipa,
Aquél, mima cojeando al planeador inválido!

El Poeta es igual a este señor del nublo,
Que habita la tormenta y ríe del ballestero.
Exiliado en la tierra, sufriendo el griterío,
Sus alas de gigante le impiden caminar.
EL AMOR ENGAÑOSO
Cuando te veo cruzar, oh mi amada indolente,
Paseando el hastío de tu mirar profundo,
Suspendiendo tu paso tan armonioso y lento
Mientras suena la música que se pierde en los techos.

Cuando veo, al reverbero del gas que va tiñéndola,
Tu frente aureolada de un mórbido atractivo
Donde las luces últimas del sol traen a la aurora,
Y, como los de un cuadro, tus fascinantes ojos,

Me digo: ¡qué bella es!, ¡qué lozanía extraña!
El taraceado recuerdo, pesada y regia torre,
La corona, y su corazón, prensado como fruta,
Y su cuerpo, están prestos para el más sabio amor.

¿Serás fruto que en otoño da sazonados sabores?

¿Vaso fúnebre que aguarda ser colmado por las lágrimas?
¿Perfume que hace soñar en perfumes lejanísimos,
Almohadón acariciante o canastilla de flores?

Sé que hay ojos arrasados por la cruel melancolía
Que no guardan escondido ningún precioso secreto,
Bellos estuches sin joyas, medallones sin reliquias
Más vacíos y más lejanos, ¡oh cielos!, que esos dos tuyos.

Pero ¿no basta que seas la más sutil apariencia,
Alegrando al corazón que huye de la verdad?
¿Qué más da tontería en ti o qué más da indiferencia?
Te saludo, adorno o máscara. Solo adoro tu belleza.

EL FIN DE LA JORNADA

Bajo una pálida luz
Corre, danza y se retuerce
La Vida, impura y gritona.
Tan pronto como a los cielos

La gozosa noche asciende
Y todo, hasta el hambre calma,
Ocultando la vergüenza
Se dice el Poeta: «¡Al fin!

Mis vértebras, como mi alma,
Codician dulce reposo;
De fúnebres sueños lleno

La espalda reclinaré
Y rodaré entre tus velos,
¡Oh refrescante tiniebla!»

EL LETEO

Ven a mi pecho, alma sorda y cruel,
Tigre adorado, monstruo de aire indolente;
Quiero enterrar mis temblorosos dedos
En la espesura de tu abundosa crin;

Sepultar mi cabeza dolorida
En tu falda colmada de perfume
Y respirar, como una ajada flor,
El relente de mi amor extinguido.

¡Quiero dormir! ¡Dormir más que vivir!
En un sueño, como la muerte, dulce,
Estamparé mis besos sin descanso
Por tu cuerpo pulido como el cobre.

Para ahogar mis sollozos apagados,
Sólo preciso tu profundo lecho;
El poderoso olvido habita entre tus labios
Y fluye de tus besos el Leteo.

Mi destino, desde ahora mi delicia,
Como un predestinado seguiré;
Condenado inocente, mártir dócil
Cuyo fervor se acrece en el suplicio.

Para ahogar mi rencor, apuraré
El nepentes[3] y la cicuta amada,
del pezón delicioso que corona este seno
el cual nunca contuvo un corazón.

EL MAL MONJE

Los claustros antiguos sobre sus amplios muros
Despliegan en cuadros la santa Verdad,
Cuyo efecto, caldeando las piadosas entrañas.
Atempera la frialdad de su austeridad.

En días que de Cristo florecían las semillas,
Más de un ilustre monje, hoy poco citado,
Tomando por taller el campo santo,
Glorificaba la Muerte con simplicidad.

—Mi alma es una tumba que, pésimo cenobita,
Desde la eternidad recorro y habito;
Nada embellece los muros de este claustro odioso.

¡Oh, monje holgazán! ¿Cuándo sabré yo hacer
Del espectáculo vivido de mi triste miseria
El trabajo de mis manos y el amor de mis ojos?

EL SOL

Por la vieja barriada, donde, de las casuchas
Las persianas ocultan las lujurias secretas
Cuando el astro cruel furiosamente hiere
La ciudad y los campos, los techos y sembrados,
Quisiera ejercitarme en mi esgrima fantástica
Husmeando en los rincones azares de la rima,
Tropezando en las sílabas, como en el empedrado,
Acaso hallando versos que hace tiempo soñé.

Ese padre nutricio, que huye de las clorosis,
En los campos despierta los versos y las rosas;
Logra que se evaporen hacia el éter las penas
Saturando de miel cerebros y colmenas.
Es el quien borra años al que lleva muletas
Y le torna festivo como las bellas mozas,
Y a las mieses ordena madurar y crecer
En la inmortal entraña que desea florecer.

Cuando, como un poeta, desciende a las ciudades,
Ennoblece la suerte de las cosas mas viles,
Y penetra cual rey, sin séquito ni pompa,
Tanto en las casas regias como en los hospitales.

EL VINO DE LOS AMANTES

¡Hoy el espacio es fabuloso!
Sin freno, espuelas o brida,
Partamos a lomos del vino
¡A un cielo divino y mágico!

Cual dos torturados ángeles
Por calentura implacable,
En el cristal matutino
Sigamos el espejismo.

Meciéndonos sobre el ala
De la inteligente tromba
En un delirio común,

Hermana, que nadas próxima,
Huiremos sin descanso
Al paraíso de mis sueños.

ELEVACIÓN

Por encima de estanques, por encima de valles,
De montañas y bosques, de mares y de nubes,
Más allá de los soles, más allá de los éteres,
Más allá del confín de estrelladas esferas,

Te desplazas, mi espíritu, con toda agilidad,
Y como un nadador que se extasía en las olas,
Alegremente surcas la inmensidad profunda
Con voluptuosidad indecible y viril.

Escápate muy lejos de estos mórbidos miasmas,
Sube a purificarte al aire superior
Y apura, como un noble y divino licor,
La luz clara que inunda los límpidos espacios.

Detrás de los hastíos y los hondos pesares
Que abruman con su peso la neblinosa vida,
¡Feliz aquel que puede, con brioso aleteo,
Lanzarse hacia los campos luminosos y calmos!

Aquel cuyas ideas, cual si fueran alondras,
Levantan hacia el cielo matutino su vuelo,
—¡Que planea sobre todo, y sabe sin esfuerzo
La lengua de las flores y de las cosas mudas!

EL SURTIDOR

Se cansaron tus ojos, ¡pobre amante!
Que se queden cerrados largo rato,
En esa postura indolente
En que el placer te sorprendió.
El murmullo del surtidor,
Que día y noche permanece,
Prolonga dulcemente el éxtasis
En que el amor me sumiera.

El amplio chorro
En flores mil,
Donde Febea
Colores muestra,
Cae como lluvia
De lentas lágrimas.

Así tu alma, incendiada
Por la cruda luz del goce,
Se lanza atrevida y rápida
Rumbo a cielos encantados.
Moribunda, se transforma
En una triste ola lánguida
Que, por invisible rampa,
Se abisma en mi corazón

El amplio chorro
En flores mil,
Donde Febea
Colores muestra,
Cae como lluvia
De lentas lágrimas.

¡Oh embellecida por la noche,
Resulta dulce, sobre el seno,
Escuchar el gemido eterno
Que en el estanque solloza!

Agua, sonora, luna, noche,
Estremecidos árboles en torno,
Vuestra pura melancolía
Es el espejo de mi amor.

El amplio chorro
En flores mil,
Donde Febea
Colores muestra,
Cae como lluvia
De lentas lágrimas.

EPÍGRAFE PARA UN LIBRO CONDENADO

Lector apacible y bucólico,
Ingenuo y sobrio hombre de bien,
Tira este libro saturniano,
Melancólico y orgiástico.

Si no cursaste tu retórica
Con Satán, el decano astuto,
¡Tíralo! nada entenderás
O me juzgarás histérico.

Mas si de hechizos a salvo,
Tu mirar tienta el abismo,
Léeme y sabrás amarme;

Alma curiosa que padeces
Y en pos vas de tu paraíso,
¡Compadéceme!... ¡O te maldigo!

EL GLOTÓN

Rumiando, yo me burlo de la gente famélica.
Como un obús reventaría,
Si no absorbiese como un chancro,

Su mirada no era tímida ni indolente,
Exhalaba, más bien, alguna ávida cosa,
Y, como su nariz, expresaba la fiebre
De artista ante la obra surgida de sus dedos.
Tu juventud estará más llena de tormentas
Que este estío de pupilas llenas de resplandor,
Que sobre nuestras frentes se retuerce abrasado,

Y, exhalando en la noche sus febriles alientos,
Logra que de sus cuerpos se prenden las doncellas,
Y enfrente del espejo, ¡oh estériles deleites!
Admiren la sazón de su virginidad,
Más veo en esos ojos, cargados de tormentas,
Que no está hecha tu alma para las dulces fiestas,
Y que belleza tal, sombría como el hierro,
Es de aquellas que forjan y pulen los Infiernos,
Para un día oficiar espantosas lujurias
Y contristar el alma de humildes criaturas.
Con su peso aplastando un enorme almohadón
Un cuerpo allí lucía con un sopor muy dulce,
Y su sueño, adornado de una feliz sonrisa..
El surco de su espalda que estremecía el deseo.

El aire estaba ungido de furor amoroso;
Los insectos volaban a la lámpara, el viento
Permanecía inmóvil en torno a las cortinas.
Era una noche cálida, un baño juvenil.

Gran ángel, que llevais sobre la fiera faz
Lo sombrío del Infierno, desde donde ascendisteis;
Domador dulce y fiero que me habéis enjaulado,
Para recreación de vuestra crueldad,

Pesadilla nocturna, sirena sin corsé,
Que me arrastrais, maligna, siempre de pie a mi lado,
Por mi sayal de santo o mi barba de sabio,
Para darme el veneno de un descarado amor…

LA BEATRIZ

En cenicientas tierras, sin verdor, calcinadas,
Como yo me quejase a la Naturaleza,
Y el puñal de mi mente, caminando al azar,
Fuese afilando lento sobre mi corazón,
Una gran nube oscura, de un temporal surgida,
Que albergaba una tropa de viciosos demonios,
Semejantes a enanos furiosos y crueles,
Se volvieron entonces fríamente a mirarme,
Y, como viandantes que se asombran de un loco,
Los escuché entre sí reír y cuchichear,
Intercambiando señas y guiños expresivos:

—«Contemplemos a gusto a esta caricatura,
A esta sombra de Hamlet que su postura imita,
Los cabellos al viento, la indecisa mirada.
¿No es en verdad penoso ver a tal vividor,
A este pillo, a este vago, a este histrión perezoso,
Que, porque representa con arte su papel,
Pretende interesar, cantando sus pesares,
Al águila y al grillo, al arroyo y las flores,
E inclusive a nosotros, autores de esas rúbricas,
A voces nos recita sus públicas tiradas?»

Hubiera yo podido (alto como los montes
Es mi orgullo, y domina a diablos y nublados)
Apartar simplemente mi soberana testa,
Si no hubiera atisbado entre la sucia tropa,
¡Y este crimen no hizo tambalearse al sol!
A la reina de mi alma, de mirada sin par,
Que con ellos reía de mi sombría aflicción,
Haciéndoles, de paso, una obscena caricia.

LA CABELLERA

¡Oh vellón, que rizándose baja hasta la cintura!
¡Oh bucles! ¡Oh perfume cargado de indolencia!
¡Éxtasis! Porque broten en esta oscura alcoba
Los recuerdos dormidos en esa cabellera,
La quiero hoy agitar, cual si un pañuelo fuese.

Languidecientes Asias y Áfricas abrasadas,
Todo un mundo lejano, ausente, casi muerto,
Habita tus abismos, ¡arboleda aromática!
Tal como otros espíritus se pierden en la música,
El mío, ¡oh mi querida!, navega en tu perfume.

Lejos iré, donde árbol y hombre, un día fuertes,
Fatalmente se agostan bajo climas atroces;
Firmes trenzas, sed olas que me arranquen al fin.
Tú albergas, mar de ébano, un deslumbrante sueño
De velas, de remeros, de navíos, de llamas:

Un rumoroso puerto donde mi alma bebiera
A torrentes el ruido, el perfume, el color;
Donde naos surcando el oro y el moaré
Abren inmensos brazos para estrechar la gloria
De un puro cielo, donde vibre eterno calor.

Y hundiré mi cabeza sedienta de embriaguez
En ese negro océano donde se encierra el otro,
Y mi sutil espíritu que el vaivén acaricia
Os hallará otra vez, ¡oh pereza fecunda!
¡Infinitos arrullos del ocio embalsamado!

Oh cabellos azules, oscuros pabellones,
Que me entregáis, inmensa, la bóveda celeste;
En las últimas hebras de esas crenchas rizadas,
Confundidos, me embargan los ardientes olores
Del aceite de coco, del almizcle y la brea.

Durante edades, siempre, en tu densa melena
Mi mano sembrará perlas, rubíes, zafiros,
Para que el deseo mío no puedas rechazar.
¿No eres, acaso, oasis donde mi sueño abreva
A sorbos infinitos el vino del recuerdo?

Te adoro como adoro la bóveda nocturna,
¡Oh vaso de tristeza! ¡Oh mi gran taciturna!
Y tanto más te adoro cuanto te escapas más,
Y cuando me parece, ¡oh lujo de mis noches!,
Que con más ironía amontonas las leguas
Que separan mis brazos de la inmensidad azul.

Me dispongo al ataque y acometo el asalto,
Como tras un cadáver un coro de gusanos,
Y me enloquece, ¡oh fiera implacable y cruel!,
Hasta esa frialdad que te vuelve aún más bella.

En tu calleja harías entrar, mujer impura,
Al universo entero. El hastío te hace cruel.
Para entrenar tus dientes en juego tan insólito,
Cada día necesitas morder un corazón.
Tus encendidos ojos, igual que escaparates
O brillantes bengalas en bulliciosas fiestas,
Usan con arrogancia de un prestado poder,
Sin conocer jamás la ley de su belleza.

¡Máquina ciega y sorda, fecunda en crueldades,
Saludable instrumento, bebedora de sangre!
¿Cómo no te avergüenzas? ¿Todavía no viste,
En todos los espejos, decrecer tus encantos?
La enormidad del mal en que te crees tan sabia,
¿No te hizo jamás retroceder de espanto,
Cuando Naturaleza, con ocultos designios,
De ti puede servirse —¡oh reina del pecado!
De ti, vil animal— para engendrar un genio?
¡Oh fangosa grandeza! ¡Oh sublime ignominia!

LA CAMPANA HENDIDA

En las noches de invierno es amargo y es dulce
Escuchar, junto al fuego que palpita y humea,
Como se alzan muy lentos los recuerdos lejanos
Al son de carillones que suenan en la bruma.

¡Feliz campana aquella de enérgica garganta
Que, pese a su vejez, conservada y alerta,
Con fidelidad lanza su grito religioso
Como un viejo soldado que vigila en su tienda!

Pero mi alma está hendida, y, cuando en sus hastíos,
Quiere poblar de cantos la frialdad nocturna,
Con frecuencia sucede que su cansada voz

Semeja al estertor de un herido olvidado
Junto a un lago de sangre, bajo un montón de muertos,
Que expira, sin moverse, entre esfuerzos inmensos.

LA DESTRUCCIÓN

A mi lado sin tregua el Demonio se agita;
En torno de mi flota como un aire impalpable;
Lo trago y noto cómo abrasa mis pulmones
De un deseo llenándolos culpable e infinito.

Toma, a veces, pues sabe de mi amor por el Arte,
De la más seductora mujer las apariencias,
y acudiendo a especiosos pretextos de adulón
Mis labios acostumbra a filtros depravados.

Lejos de la mirada de Dios así me lleva,
Jadeante y deshecho por la fatiga, al centro
De las hondas y solas planicies del Hastío,

Y arroja ante mis ojos, de confusión repletos,
Vestiduras manchadas y entreabiertas heridas,
¡Y el sangriento aparato que en la Destrucción vive!

LA FUENTE DE SANGRE

A veces siento mi sangre correr en oleadas,
lo mismo que una fuente de rítmicos sollozos;
la oigo correr en largos murmullos,
pero en vano me palpo para encontrar la herida.

A través de la ciudad, como un campo cerrado,
va transformando las piedras en islotes,
saciando la sed de cada criatura,
y coloreando en rojo toda la natura.

A menudo he pedido a estos vinos
aplacar por un solo día el terror que me roe;
el vino torna el mirar más claro y el oído más fino.

He buscado en el amor un sueño de olvido;
mas para mí el amor es un lecho punzante,
hecho para dar de beber a esas mujeres crueles.

LA MALA SUERTE

Para alzar un peso tan grande
¡Tu coraje haría falta, Sísifo!
Aun empeñándose en la obra,
El Arte es largo y breve el Tiempo.

Lejos de célebres túmulos,
En un camposanto aislado
Mi corazón, tambor velado,
Va redoblando marchas fúnebres.

—Mucha gema duerme oculta
En las tinieblas y el olvido,
Ajena a picos ya sondas.

—Mucha flor con pesar exhala,
Como un secreto, su grato aroma
En las profundas soledades.

LA MÁSCARA

Contempla ese tesoro de gracias florentinas;
En la forma ondulante del musculoso cuerpo,
Son hermanas divinas la Elegancia y la Fuerza.
Esta mujer, fragmento en verdad milagroso,
Noblemente robusta, divinamente esbelta,
Nació para reinar en lechos suntuosos
Y entretener los ocios de un príncipe o de un papa.

—Observa esa sonrisa voluptuosa y fina
Donde la Fatuidad sus éxtasis pasea,
Esos taimados ojos, lánguidos y burlones,
El velo que realza esa faz delicada
Cuyos rasgos nos dicen con aire triunfador:
«¡El Deleite me nombra y el Amor me corona!»
A un ser que está dotado de tanta majestad,
¡Qué encanto estimulante le da la gentileza!
Acerquémonos trémulos de su belleza en torno.

¡Oh blasfemia del arte! ¡Oh sorpresa brutal!
La divina mujer, que prometía la dicha,
¡Concluye en las alturas en un monstruo bicéfalo!

¡Mas no! Máscara es sólo, mentido decorado,
Ese rostro que luce un mohín exquisito,
Y, contémplalo cerca: atrozmente crispados,
La auténtica cabeza, el rostro más real,
Se ocultan al amparo de la cara que miente.

¡Oh mi pobre belleza! El río esplendoroso
De tu llanto se abisma en mi hondo corazón.
Me embriaga tu mentira y se abreva mi alma
En la ola que en tus ojos el Dolor precipita.

—Mas, ¿por qué llora? En esa belleza inigualable,
Que tendría a sus pies todo el género humano,
¿Qué misterioso mal roe su flanco de atleta?

—¡Insensata! Solloza sólo porque ha vivido,
¡Y porque vive! Pero lo que lamenta más,
Lo que hasta las rodillas la hace estremecer,
Es que mañana, ¡ay!, continuará viviendo,
¡Mañana, al otro día, siempre! ¡Igual que nosotros!

LA METAMORFOSIS DEL VAMPIRO

La mujer, entre tanto, de su boca de fresa
Retorciéndose como una sierpe entre brasas
Y amasando sus senos sobre el duro corsé,
Decía estas palabras impregnadas de almizcle:
«Son húmedos mis labios y la ciencia conozco
De perder en el fondo de un lecho la conciencia,
Seco todas las lágrimas en mis senos triunfales.
Y hago reír a los viejos con infantiles risas.
Para quien me contempla desvelada y desnuda
Reemplazo al sol, la luna, al cielo y las estrellas.
Yo soy, mi caro sabio, tan docta en los deleites,
Cuando sofoco a un hombre en mis brazos temidos
O cuando a los mordiscos abandono mi busto,
Tímida y libertina y frágil y robusta,
Que en esos cobertores que de emoción se rinden,
Impotentes los ángeles se perdieran por mí.»

Cuando hubo succionado de mis huesos la médula
y muy lánguidamente me volvía hacia ella
A fin de devolverle un beso, sólo vi
Rebosante de pus, un odre pegajoso.
Yo cerré los dos ojos con helado terror
y cuando quise abrirlos a aquella claridad,
A mi lado, en lugar del fuerte maniquí
Que parecía haber hecho provisión de mi sangre,
En confusión chocaban pedazos de esqueleto
De los cuales se alzaban chirridos de veleta
O de cartel, al cabo de un vástago de hierro,
Que balancea el viento en las noches de invierno.

LA MUERTE DE LOS AMANTES

Poseeremos lechos colmados de aromas
Y, como sepulcros, divanes hondísimos
E insólitas flores sobre las consolas
Que estallaron, nuestras, en cielos más cálidos.

Avivando al límite postreros ardores
Serán dos antorchas ambos corazones
Que, indistintas luces, se reflejarán
En nuestras dos almas, un día gemelas.

Y, en fin, una tarde rosa y azul místico,
Intercambiaremos un solo relámpago
Igual a un sollozo grávido de adioses.

Y más tarde, un Ángel, entreabriendo puertas
Vendrá a reanimar, fiel y jubiloso,
Los turbios espejos y las muertas llamas.

LA MUERTE DE LOS ARTISTAS

¿Cuánto mis cascabeles tendré que sacudir
Y besarte la frente, triste caricatura?
Para dar en el blanco, de mística virtud,
Mi carcaj, ¿cuántas flechas habrá de malgastar?

En fintas sutilísimas nuestra alma gastaremos,
Y más de un bastidor hemos de destruir,
Antes de contemplar la acabada Criatura
Cuyo infernal deseo nos colma de sollozos.

Hay algunos que nunca conocieron a su ídolo,
Escultores malditos que el oprobio marcó,
Que se golpean con saña en el pecho y la frente,

Sin más que una esperanza, !Capitolio sombrío!
Que la Muerte, cerniéndose como sol renovado,
Logrará, al fin, que estallen las flores de su mente.

LA MUERTE DE LOS POBRES

Es la Muerte que consuela, ¡ah! y que hace vivir;
Es el objeto de la vida, y es la sola esperanza
Que, como un elixir, nos sostiene y nos embriaga,
y nos da ánimos para avanzar hasta el final;

A través de la borrasca, y la nieve y la escarcha,
Es la claridad vibrante en nuestro horizonte negro,
Es el albergue famoso inscripto sobre el libro,
Donde se podrá comer, y dormir, y sentarse;

Es un Ángel que sostiene entre sus dedos magnéticos
El sueño y el don de los ensueños extáticos,
Y que rehace el lecho de las gentes pobres y desnudas;

Es la gloria de los Dioses, es el granero místico,
Es la bolsa del pobre y su patria vieja,
¡Es el pórtico abierto sobre los Cielos desconocidos!

LA MUJER, ENTRE TANTO, DE SU BOCA DE FRESA

La mujer, entre tanto, de su boca de fresa,
Retorciéndose como una sierpe entre brasas
Y amasando sus senos sobre el duro corsé,
Decía estas palabras impregnadas de almizcle:
«Son húmedos mis labios y la ciencia conozco
De perder en el fondo de un lecho la conciencia,
Seco todas las lágrimas en mis senos triunfales,
Y hago reír a los viejos con infantiles risas.
Para quien me contempla desvelada y desnuda,
Reemplazo al sol, la luna, al cielo y las estrellas.
Yo soy, mi caro sabio, tan docta en los deleites,
Cuando sofoco a un hombre en mis brazos temidos
O cuando a los mordiscos abandono mi busto,
Tímida y libertina, y frágil y robusta,
Que en esos cobertores que de emoción se rinden,
Impotentes los ángeles se perdieran por mí.»

Cuando hubo succionado de mis huesos la médula
Y muy lánguidamente me volvía hacia ella
A fin de devolverle un beso, sólo vi
Rebosante de pus, un odre pegajoso.
Yo cerré los dos ojos con helado terror,
Y cuando quise abrirlos a aquella claridad,
A mi lado, en lugar del fuerte maniquí
Que parecía haber hecho provisión de mi sangre,
En confusión chocaban pedazos de esqueleto
De los cuales se alzaban chirridos de veleta
O de cartel, al cabo de un vástago de hierro,
Que balancea el viento en las noches de invierno.

LA MUSA ENFERMA

Mi Pobre musa, !ay! ¿qué tienes este día?
Pueblan tus vacuos ojos las visiones nocturnas
Y alternándose veo reflejarse en tu tez
La locura y el pánico, fríos y taciturnos.

¿El súcubo verdoso y el rosado diablillo
El miedo te han vertido, y el amor, de sus urnas?
¿Con su puño te hundieron las foscas pesadillas
En el fondo de algún fabuloso Minturno?

Quisiera que, exhalando un saludable olor,
Tu seno de ideas fuertes se viese frecuentado
Y tu cristiana sangre fluyese en olas rítmicas,

Como los sones múltiples de las sílabas viejas
Donde, reinan Por turno Febo, padre del canto,
Y el gran Pan, cuyo imperio se extiende por las mieses.

LA MUSA VENAL

Tú que amas los palacios, oh musa de mi vida,
¿Tendrás, cuando el Bóreas, sea el dueño de Enero,
Mientras cae la nieve en tediosas veladas,
Para caldear tus pies violáceos, un tizón?

¿Reanimarás acaso tus espaldas marmóreas
En los nocturnos rayos que filtran los postigos?
¿Socorrerás tu bolsa y tu garganta exangües
Con el oro que esplende en la bóveda azul?

Debes, para ganar tu pan de cada noche,
Agitar como niño de coro el incensario
Y salmodiar Te Deums en los que apenas crees,
Reiterando tus gracias, como hambriento payaso
Y tu risa velada por lágrimas secretas,
Para ver cómo estalla la vulgar carcajada.

LA NEGACIÓN DE SAN PEDRO

¿Qué hace Dios de ese mar de anatemas,
que asciende día a día hasta sus serafines?
Como un déspota harto de viandas y de vinos,
al dulce son de nuestras blasfemias se adormece.

Las quejas de los mártires y de los torturados
son una sinfonía embriagante, sin duda,
ya que, pese a la sangre que cuesta su deleite,
¡los cielos no parecen todavía saciados!

—¡Acuérdate, Jesús, de aquel Huerto de Olivos!
Con suma sencillez oraste de rodillas
a quien, allá en su cielo, reía de los clavos
que unos viles verdugos hincaban en tus carnes;

cuando viste escupir en tu divinidad
a la chusma del cuerpo de guardia y de cocina,
y cuando tú sentiste penetrar las espinas
en tu cabeza donde habitaban los hombres;

cuando aquel peso horrible de tu cuerpo quebrado
estiraba tus brazos tensados, y tu sangre
y tu sudor corrían por tu pálida frente,
cuando fuiste mostrado como blanco ante todos...

¿Recordabas los días tan brillantes y hermosos
en que, a cumplir la eterna promesa, tú viniste,
cuando a lomos de mansa borrica recorrías
los caminos sembrados de flores y de ramos?

Cuando, henchido tu pecho de esperanza y valor,
azotabas con fuerza a viles mercaderes,
cuando fuiste maestro... ¿No caló en tu costado
el arrepentimiento más hondo que la lanza?

—En cuanto a mí, es seguro que saldré satisfecho
de un mundo en que la acción no es hermana del sueño;
¡ojalá mate a hierro, y que a hierro perezca!
San Pedro renegó de Jesús... ¡hizo bien!

LA PLEGARIA DE UN PAGANO

No dejes morir tus llamas;
Caldea mi sordo corazón,
¡Voluptuosidad, cruel tormento!
Diva! supplicem exaudî!

Diosa en el aire difundida,
Llama de nuestro subterráneo,
Escucha a un alma consumida
Que alza hacia ti su férreo canto,

¡Voluptuosidad, sé mi reina!
Toma máscara de sirena
Hecha de carne y de brocado,

O viérteme tus hondos sueños
En el licor informe y místico,
¡Voluptuosidad, fantasma elástico!

LA VOZ

Se encontraba mi cuna junto a la biblioteca,
Babel sombría, donde novela, ciencia, fábula,
Todo, ya polvo griego, ya ceniza latina
Se confundía. Yo era alto como un infolio.
Y dos voces me hablaban. Una, insidiosa y firme:
«La Tierra es un pastel colmado de dulzura;
Yo puedo (¡y tu placer jamás tendrá ya término!)
Forjarte un apetito de una grandeza igual.»
Y la otra: «¡Ven! ¡Oh ven! a viajar por los sueños,
lejos de lo posible y de lo conocido.»
Y ésta cantaba como el viento en las arenas,
Fantasma no se sabe de que parte surgido
Que acaricia el oído a la vez que lo espanta.
Yo te respondí: «¡Sí! ¡Dulce voz!» Desde entonces
Data lo que se puede denominar mi llaga
Y mi fatalidad. Detrás de los paneles
De la existencia inmensa, en el más negro abismo,
Veo, distintamente, los más extraños mundos
Y, víctima extasiada de mi clarividencia,
Arrastro en pos serpientes que mis talones muerden.

Y tras ese momento, igual que los profetas,
Con inmensa ternura amo el mar y el desierto;
Y sonrío en los duelos y en las fiestas sollozo
Y encuentro un gusto grato al más ácido vino;
Y los hechos, a veces, se me antojan patrañas
Y por mirar al cielo caigo en pozos profundos.
Más la voz me consuela, diciendo: «Son más bellos
los sueños de los locos que los del hombre sabio».

LAS DOS BUENAS HERMANAS

Libertinaje y Muerte, son dos buenas muchachas,
Pródigas de sus besos y ricas en salud
Cuyo virginal flanco, que los harapos cubren,
Bajo la eterna siembra jamás fructificó.

Al poeta siniestro, tara de las familias,
Valido del infierno, cortesano sin paga,
Entre sus recovecos, muestran tumba y burdel,
Un lecho que jamás la inquietud frecuentó

Y la caja y la alcoba, en fecundas blasfemias,
Por turno nos ofrecen, como buenas hermanas,
Placeres espantosos y dulzuras horrendas.

Licencia inmunda ¿cuándo por fin me enterrarás?
¿Cuándo llegarás, Muerte, su émula fascinante,
A injertar tus cipreses en sus mirtos infectos?

LAS JOYAS

Ella estaba desnuda, y, sabiendo mis gustos,
sólo había conservado las sonoras alhajas
cuyas preseas le otorgan el aire vencedor
que las esclavas moras tienen en días fastos.

Cuando en el aire lanza su sonido burlón
ese mundo radiante de pedrería y metal,
me sumerge en el éxtasis; yo amo con frenesí
las cosas en que se une el sonido a la luz.

Ella estaba tendida y se dejaba amar,
sonriendo de dicha desde el alto diván
a mi pasión profunda y lenta como el mar,
que ascendía hasta ella como hacia su cantil.

Fijos en mí sus ojos, como en tigre amansado,
con aire soñador ensayaba posturas,
y el candor añadido a la lubricidad
nueva gracia agregaba a sus metamorfosis;

y sus brazos y piernas, sus muslos y sus flancos,
pulidos como el óleo, como el cisne ondulantes,
pasaban por mis ojos lúcidos y serenos;
y su vientre y sus senos, racimos de mi viña,

avanzaban tan cálidos como ángeles del mal
para turbar la paz en que mi alma estaba
y para separarla del peñón de cristal
donde se había instalado solitaria y tranquila.

Y creí ver unidos en un nuevo diseño
—tanto hacía su talle resaltar a la pelvis—
las caderas de Antíope al busto de un efebo.
¡Soberbio era el afeite sobre su oscura tez!

Y habiéndose la lámpara resignado a morir,
como tan solo el fuego iluminaba el cuarto,
cada vez que exhalaba un destello flamígero
inundaba de sangre su piel color del ámbar.

LETANÍAS DE SATÁN

Oh tú, el Ángel más bello y asimismo el más sabio
Dios privado de suerte y ayuno de alabanzas,

¡Oh Satán, ten piedad de mi larga miseria!

Príncipe del exilio, a quien perjudicaron,
Y que, vencido, aún te alzas con más fuerza,

¡Oh Satán, ten piedad de mi larga miseria!

Tú, que todolos sabes, oh gran rey subterráneo,
Familiar curandero de la angustía del hombre,

¡Oh Satán, ten piedad de mi larga miseria!

Tú, que incluso al leproso y a los parias más bajos
Sólo por amor muestras el gusto del Edén,

¡Oh Satán, ten piedad de mi larga miseria!

Oh tú, que de la Muerte, tu vieja y firme amante,
Engendras la Esperanza – ¡esa adorable loca!

¡Oh Satán, ten piedad de mi larga miseria!

Tú que das al proscrito esa altiva mirada
Que en torno del cadalso condena a un pueblo entero

¡Oh Satán, ten piedad de mi larga miseria!

Tú sabes las guaridas donde en tierras lejanas
El celoso Dios guarda toda su pedrería,

¡Oh Satán, ten piedad de mi larga miseria!

Tú, cuyos claros ojos saben en qué arsenales
Amortajado el pueblo duerme de los metales,

¡Oh Satán, ten piedad de mi larga miseria!

Tú, cuya larga mano disimula el abismo
Al sonámbulo errante sobre los edificios,

¡Oh Satán, ten piedad de mi larga miseria!

Tú que, mágicamente, ablandas la osamenta
Del borracho caído al pie de los caballos,

¡Oh Satán, ten piedad de mi larga miseria!

Tú, que por consolar al débil ser que sufre
A mezclar nos enseñas azufre con salitre,

¡Oh Satán, ten piedad de mi larga miseria!

Tú que imprimes tu marca, ¡oh cómplice sutil!
En la frente del Creso vil e inmisericorde

¡Oh Satán, ten piedad de mi larga miseria!

Tú, que en el corazón de las putas enciendes
El culto por las llagas y el amor a los trapos

¡Oh Satán, ten piedad de mi larga miseria!

Báculo de exiliados, lámpara de inventores,
Confidente de ahorcados y de conspiradores,

¡Oh Satán, ten piedad de mi larga miseria!

Padre adoptivo de aquellos que, en su cólera,
Del paraíso terrestre arrojó Dios un día,

¡Oh Satán, ten piedad de mi larga miseria!

Oración:

Gloria y loor a ti, Satán, en las alturas
Del cielo donde reinas y en las profundidades
Del infierno en que sueñas, vencido y silencioso.
Haz que mi alma, bajo el Arbol de la Ciencia,
Cerca de ti repose, cuando, sobre tu frente,
Como una iglesia nueva sus ramajes se expandan.

MUJERES CONDENADAS

Como bestias inmóviles tumbadas en la arena,
Vuelven sus ojos hacia el marino horizonte,
Y sus pies que se buscan y sus manos unidas,
Tienen desmayos dulces y temblores amargos.

Las unas, corazones que aman las confidencias
En el fondo del bosque donde el arroyo canta,
Deletrean el amor de su pubertad tímida
Y marcan en el tronco a los árboles tiernos;

Las otras, como hermanas, andan graves y lentas,
A través de las peñas llenas de apariciones,
Donde vio san Antonio surgir como la lava
Aquellas tentaciones con los senos desnudos;

Y las hay, que a la luz de goteantes resinas,
En el hueco ya mudo de los antros paganos,
Te llaman en auxilio de su aulladora fiebre.
¡Oh Baco, que adormeces todas las inquietudes!

Y otras, cuyas gargantas lucen escapularios,
Que, un látigo ocultando bajo sus largas ropas,
Mezclan en las umbrías y solitarias noches,
La espuma del placer al llanto del suplicio.

Oh vírgenes, oh monstruos, oh demonios, oh mártires,
De toda realidad desdeñosos espíritus,
Ansiosas de infinito, devotas, satiresas,
Ya crispadas de gritos, ya deshechas en llanto.

Vosotras, a quien mi alma persiguió en tal infierno,
¡Hermanas mías!, os amo y os tengo compasión,
Por vuestras penas sordas, vuestra insaciable sed
y las urnas de amor que vuestro pecho encierra.

LOS FAROS

Rubens, río de olvido, jardín de la pereza,
Almohada de carne fresca donde no se puede amar,
Pero donde la vida afluye y se agita sin cesar,
Como el aire en el cielo y la mar en el mar;

Leonardo da Vinci, espejo profundo y sombrío,
Donde los ángeles encantadores, con dulce sonrisa
Toda llena de misterio, aparecen en la sombra
De los ventisqueros y los pinos que cierran su paisaje;

Rembrandt, triste hospital lleno de murmullos,
Y por un gran crucifijo decorado solamente,
Donde la plegaria llorosa se exhala de las inmundicias,
Y de un rayo invernal atravesado bruscamente;

Miguel Ángel, lugar impreciso do vénse los Hércules
Mezclarse a los Cristos, y elevarse muy erguidos
Fantasmas pujantes que en los crepúsculos
Desgarran su sudario estirando sus dedos;

Cóleras de boxeador, impudicias de fauno,
Tú que supiste recoger la belleza de los granujas,
Gran corazón henchido de orgullo, hombre débil y amarillo,
Puget, melancólico emperador de los forzados;

Watteau, este carnaval en el que no pocos corazones ilustres,
Como mariposas, flotan relucientes,
Decoraciones frescas y leves iluminadas por lámparas
Que vierten la locura en este baile vertiginoso;

Goya, pesadilla llena de cosas desconocidas,
Fetos que se hacen cocer en medio de los sabats,
Viejas ante el espejo y niñas todas desnudas,
Para tentar los demonios ajustando bien sus medias;

Delacroix, lago de sangre obsedido por malvados ángeles,
Sombreado por un bosque de pinos siempre verde,
Donde, bajo un cielo triste, fanfarrias extrañas
Pasan, cual un suspiro ahogado de Weber;

¡Estas maldiciones, estas blasfemias, estos lamentos,
Estos éxtasis, estos gritos, estos llantos, estos Te Deum,
Son un eco repetido por mil laberintos;
Es para los corazones mortales un divino opio!

Es un grito repetido por mil centinelas,
¡Una orden transmitida por mil portavoces.
Es un faro encendido sobre mil ciudadelas,
Un clamor de cazadores perdidos en los inmensos bosques!

¡Porque verdaderamente, Señor, el mejor testimonio
Que podencos dar de nuestra dignidad
Es este ardiente sollozo que rueda de edad en edad
Y viene a morir al borde de vuestra eternidad!

ME GUSTA RECORDAR ESAS DESNUDAS ÉPOCAS

Me gusta recordar esas desnudas épocas
En que placía a Febo las estatuas dorar,
En tanto hombre y mujer, en su esplendor más alto,
Sin angustia gozaban y sin mentira alguna,
Y, el amoroso cielo envolviendo sus cuerpos,
La salud de su noble máquina ejercitaban.

Mostrábase Cibeles fértil y generosa,
No hallando que sus hijos fuesen gravosa carga;
Antes bien, loba henchida de ternezas comunes,
Nutría al universo con sus oscuras ubres.
Elegante y robusto, el hombre se preciaba
Entre bellezas múltiples que por rey le acataban.
Frutos aún no ultrajados y carentes de grietas,
¡Cuya bruñida pulpa incitaba al mordisco!

Hoy el Poeta, cuando pretende imaginar
Tal nativa grandeza y acude a los lugares
En que hombres y mujeres sin velos aparecen,
Siente envuelto su espíritu en tenebroso frío,
Ante ese negro cuadro que rebosa de espanto.
¡Oh monstruosidades llorando sus vestidos!
¡Oh ridículos torsos que son propios de máscaras!
Pobres cuerpos torcidos, fláccidos o ventrudos,
Que el Señor de lo útil, sereno e implacable,
Envolvió desde niños en pañales de bronce.
Y vosotras, mujeres, pálidas como cirios,
En quienes la lujuria se ceba, y esas vírgenes
Arrastrando la herencia de los maternos vicios
¡Y todos los horrores de la fecundidad!

Tenemos, ello es cierto, naciones corrompidas,
A los antiguos pueblos de ignorado esplendor:
Los rostros devorados por las llagas cordiales
Y algo que llamaríamos desmayadas bellezas;
Más esas invenciones de las musas tardías,

Jamás impedirán a las razas decrépitas
Rendir a las más jóvenes un profundo homenaje,
-A la juventud santa de simple y dulce frente,
De mirar claro y limpio como agua saltarina,
Y que marcha, inconsciente, por doquier esparciendo,
como el azul del cielo, las flores y los pájaros,
Sus perfumes, sus cánticos y sus suaves calores.

MŒSTA ET ERRABUNDA

¿No huye el corazón, Ágata, muchas veces de ti,
Lejos del negro océano de la ciudad inmunda,
Hacia otra donde estalla, súbito, el esplendor,
Azul, profundo, claro cual la virginidad?
¿No huye el corazón, Ágata, muchas veces de ti?

¡El mar, el vasto mar, nuestras tareas consuela!
¿Qué demonio ha dotado al mar, ronco cantor,
Al que el potente órgano de los vientos secunda,
De esa función sublime de arrullar nuestros sueños?
¡El mar, el vasto mar nuestras tareas consuela!

¡Ráptame tú, fragata! ¡Arrástrame, vagón!
¡Lejos! ¡Aquí las lágrimas se han convertido en fango!
-¿No es cierto que, a menudo, el corazón de Ágata
Dice: Lejos de crímenes, de dolores y culpas,
¡Ráptame tú, fragata! ¡Arrástrame vagón!?

¡Qué lejos te hallas ya, paraíso aromático,
Donde, bajo los cielos, todo es amor y risas,
Donde lo que se ama digno es de ser amado,
Donde en puro deleite se ahoga el corazón!
¡Qué lejos te hallas ya, paraíso aromático!

Pero ese paraíso de amores juveniles,
Las carreras, los cantos, los besos y las flores,
Los violines sonando detrás de las colinas,
Con los jarros de vino, de noche, en la espesura,
-Pero ese paraíso de amores juveniles,

Paraíso inocente de furtivos placeres,
¿Está más lejos ya que la India y la China?
¿Lo podremos llamar con gritos lastimeros
Y todavía animarlo con argentina voz,
Al puro paraíso de furtivos placeres?

PAISAJE

Deseo, para escribir castamente mis églogas,
Dormir cerca del cielo, cual suelen los astrólogos,
Y escuchar entre sueños, vecino a las campanas,
Sus cánticos solemnes que propalan los vientos.
El mentón en las manos, tranquilo en mi buhardilla,
Observaré el taller que parlotea y canta;
Las chimeneas, las torres, esos urbanos mástiles,
Y los cielos que invitan a soñar con lo eterno.

Es dulce ver surgir a través de las brumas
La estrella en el azul, la luz en la ventana,
Alzarse al firmamento los ríos del carbón
Y derramar la luna sus desvaído hechizo.
Veré las primaveras, los estíos, los otoños,
Y al llegar el invierno de monótonas nieves,
Cerraré a cal y canto postigos y mamparas,
Para alzar en la noche mis feéricos palacios.
Y entonces soñaré con zarcos horizontes,
Jardines, surtidores quejándose en el mármol,
Con besos y con pájaros que cantan noche y día,
Lo que el Idilio alberga de puro y de infantil.
El Motín, golpeando sin éxito en los vidrios,
No hará que del pupitre se levante mi frente,
Pues estaré gozando la voluptuosidad,
De que la Primavera a mi capricho irrumpa,
De hacer que se alce un sol en mi pecho, y crear
Una atmósfera tierna de mis ideas quemantes.

PROYECTO DE EPÍLOGO

Tranquilo como un sabio, manso como un maldito, dije:
Te amo, oh mi beldad, oh encantadora mía…
Cuántas veces…
Tus orgías sin sed, tus amores sin alma,
Tu gusto de infinito
Que en todo, hasta en el mal, se proclama,

Tus bombas, tus puñales, tus victorias, tus fiestas,
Tus barrios melancólicos,
Tus suntuosos hoteles,
Tus jardines colmados de intrigas y suspiros,
Tus templos vomitando musicales plegarias,
Tus pueriles rabietas, tus juegos de vieja loca,
Tus desalientos;

Tus fuegos de artificio, erupciones de gozo,
Que hacen reír al cielo, tenebroso y callado.

Tu venerable vicio, que en la seda se ostenta,
Y tu virtud risible, de mirada infeliz
Y dulce, extasiándose en el lujo que muestra…

Tus principios salvados, tus vulnerables leyes,
Tus altos monumentos donde la bruma pende,
Tus torres de metal que el sol hace brillar,
Tus reinas de teatro de encantadoras voces,
Tus toques de rebato, tu cañón que ensordece,
Tus empedrados mágicos que alzan las fortalezas,

Tus parvos oradores de barrocas maneras,
Predicando el amor, y tus alcantarillas, pletóricas de sangre,

En el Infierno hundiéndose como los Orinocos.
Tus bufones, tus ángeles, nuevos en su oropel.
Ángeles revestidos de oro, jacinto y púrpura,
Sed testigos, vosotros, que cumplí mi deber

Como un perfecto químico, como un alma devota.
Porque de cada cosa la quintaesencia extraje,
Tú me diste tu barro y en oro lo troqué.

UNA CARROÑA

Recuerdas el objeto que vimos, mi alma,
Aquella hermosa mañana de estío tan apacible;
A la vuelta de un sendero, una carroña infame
Sobre un lecho sembrado de guijarros,

Las piernas al aire, como una hembra lúbrica,
Ardiente y exudando los venenos,
Abría de una manera despreocupada y cínica
Su vientre lleno de exhalaciones.

El sol dardeaba sobre aquella podredumbre,
Como si fuera a cocerla a punto,
Y restituir centuplicado a la gran Natura,
Todo cuanto ella había juntado;

Y el cielo contemplaba la osamenta soberbia
Como una flor expandirse.
La pestilencia era tan fuerte, que sobre la hierba
Tú creíste desvanecerte.

Las moscas bordoneaban sobre ese vientre podrido,
Del que salían negros batallones
De larvas, que corrían cual un espeso líquido
A lo largo de aquellos vivientes harapos.

Todo aquello descendía, subía como una marea,
O se volcaba centelleando;
Hubiérase dicho que el cuerpo,
inflado por un soplo indefinido,
Vivía multiplicándose.

Y este mundo producía una extraña música,
Como el agua corriente y el viento,
O el grano que un cosechador con movimiento rítmico,
Agita y revuelve en su harnero.

Las formas se borraron y no fueron sino un sueño,
Un esbozo lento en concretarse,
Sobre la tela olvidada, y que el artista acaba
Solamente para el recuerdo.

Detrás de las rocas una perra inquieta
Nos vigilaba con mirada airada,
Espiando el momento de recuperar del esqueleto
El trozo que ella había aflojado.

—Y sin embargo, tú serás semejante a esa basura,
A esa horrible infección,
Estrella de mis ojos, sol de mi natura,
¡Tú, mi ángel y mi pasión!

¡Sí! así estarás, oh reina de las gracias,
Después de los últimos sacramentos,
Cuando vayas, bajo la hierba y las floraciones crasas,
A enmollecerte entre las osamentas.

¡Entonces, ¡oh mi belleza! Dile a la gusanera
Que te consumirán a besos,
Que yo he conservado la forma y la esencia divina
De mis amores descompuestos!

SPLEEN

Yo soy como ese rey de aquel país lluvioso,
rico, pero impotente, joven, aunque achacoso,
que, despreciando halagos de sus cien concejales,
con sus perros se aburre y demás animales.
Nada puede alegrarle, ni cazar, ni su halcón,
ni su pueblo muriéndose enfrente del balcón.
La grotesca balada del bufón favorito
no distrae la frente de este enfermo maldito;
en cripta se convierte su lecho blasonado,
y las damas, que a cada príncipe hallan de agrado,
no saben ya encontrar qué vestido indiscreto
logrará una sonrisa del joven esqueleto.
el sabio que le acuña el oro no ha podido
extirpar de su ser el humor corrompido,
y en los baños de sangre que hacían los Romanos,
que a menudo recuerdan los viejos soberanos,
reavivar tal cadáver él tampoco ha sabido
pues tiene en vez de sangre verde agua del Olvido.

RELATOS Y ENSAYOS

UN HEMISFERIO EN UNA CABELLERA

Déjame respirar mucho tiempo, mucho tiempo, el olor de tus cabellos; sumergir en ellos el rostro, como hombre sediento en agua de manantial, y agitarlos con mi mano, como pañuelo odorífero, para sacudir recuerdos al aire.

¡Si pudieras saber todo lo que veo! ¡Todo lo que siento! ¡Todo lo que oigo en tus cabellos! Mi alma viaja en el perfume como el alma de los demás hombres en la música.

Tus cabellos contienen todo un ensueño, lleno de velámenes y de mástiles; contienen vastos mares, cuyos monzones me llevan a climas de encanto, en que el espacio es más azul y más profundo, en que la atmósfera está perfumada por los frutos, por las hojas y por la piel humana.

En el océano de tu cabellera entreveo un puerto en que pululan cantares melancólicos, hombres vigorosos de toda nación y navíos de toda forma, que recortan sus arquitecturas finas y complicadas en un cielo inmenso en que se repantiga el eterno calor.

En las caricias de tu cabellera vuelvo a encontrar las languideces de las largas horas pasadas en un diván, en la cámara de un hermoso navío, mecidas por el balanceo imperceptible del puerto, entre macetas y jarros refrescantes.

En el ardiente hogar de tu cabellera respiro el olor del tabaco mezclado con opio y azúcar; en la noche de tu cabellera veo resplandecer lo infinito del azul tropical; en las orillas vellosas de tu cabellera me emborracho con los olores combinados del algodón, del almizcle y del aceite de coco.

Déjame morder mucho tiempo tus trenzas, pesadas y negras. Cuando mordisqueo tus cabellos elásticos y rebeldes, me parece que como recuerdos.

LOS DONES DE LAS HADAS

Había gran asamblea de hadas para proceder al reparto de dones entre todos los recién nacidos llegados a la vida en las últimas veinticuatro horas.

Todas aquellas antiguas y caprichosas hermanas del Destino; todas aquellas madres raras del gozo y del dolor, eran muy diferentes: tenían unas aspecto sombrío y ceñudo; otras, aspecto alocado y malicioso; unas, jóvenes que habían sido siempre jóvenes; otras, viejas que habían sido siempre viejas.

Todos los padres que tienen fe en las hadas habían acudido, llevando cada cual a su recién nacido en brazos.

Los dones, las facultades, los buenos azares, las circunstancias invencibles habíanse acumulado junto al tribunal, como los premios en el estrado para su reparto. Lo que en ello había de particular era que los dones no servían de recompensa a un esfuerzo, sino, por el contrario, eran una gracia concedida al que no había vivido aún, gracia capaz de determinar su destino y convertirse lo mismo en fuente de su desgracia que de su felicidad.

Las pobres hadas estaban ocupadísimas, porque la multitud de solicitantes era grande, y la gente intermediaria puesta entre el hombre y Dios está sometida, como nosotros, a la terrible ley del tiempo y de su infinita posteridad: los días, las horas, los minutos y los segundos.

En verdad, estaban tan azoradas como ministros en día de audiencia o como empleados del Monte de Piedad cuando una fiesta nacional autoriza los desempeños gratuitos. Hasta creo que miraban de tiempo en tiempo la manecilla del reloj con tanta impaciencia como jueces humanos que, en sesión desde por la mañana, no pueden por menos de soñar con la hora de comer, con la familia y con sus zapatillas adoradas. Si en la justicia sobrenatural hay algo de precipitación y de azar, no nos asombremos de que ocurra lo mismo alguna vez en la justicia humana. Seríamos nosotros, en tal caso, jueces injustos.

También se cometieron aquel día ciertas ligerezas que podrían llamarse raras si la prudencia, más que el capricho, fuese carácter distintivo y eterno de las hadas.

Así, el poder de atraer mágicamente a la fortuna se adjudicó al único heredero de una familia riquísima, que, por no estar dotada de ningún sentido de caridad y tampoco de codicia ninguna por los bienes más visibles de la vida, habían de verse más adelante prodigiosamente enredados entre sus millones.

Así, se dio el amor a la Belleza y a la Fuerza poética al hijo de un sombrío pobretón, cantero de oficio, que de ninguna manera pedía favorecer las disposiciones ni aliviar las necesidades de su deplorable progenitura.

Se me olvidaba deciros que el reparto, en casos tan solemnes, es sin apelación, y que no hay don que pueda rehusarse.

Levantábanse todas las hadas, creyendo cumplida su faena, porque ya no quedaba regalo ninguno, largueza ninguna que echar a toda aquella morralla humana, cuando un buen hombre, un pobre comerciantillo, según creo, se levantó, y cogiendo del vestido de vapores multicolores al hada que más cerca tenía, exclamó:

«¡Eh! ¡Señora! ¡Que nos olvida! Todavía falta mi chico. No quiero haber venido en balde.»

El hada podía verse en un aprieto, porque nada quedaba ya. Acordose a tiempo, sin embargo, de una ley muy conocida, aunque rara vez aplicada, en el mundo sobrenatural habitado por aquellas deidades impalpables amigas del hombre y obligadas con frecuencia a doblegarse a sus pasiones, tales como las hadas, gnomos, las salamandras, las sílfides, los silfos, las nixas, los ondinos y las ondinas —quiero decir de la ley que concede a las hadas, en casos semejantes, o sea en el caso de haberse agotado los lotes, la facultad de conceder otro, suplementario y excepcional, siempre que tenga imaginación bastante para crearlo de repente.

Así, pues, la buena hada contestó, con aplomo digno de su rango: «¡Doy a tu hijo…, le doy… el don de agradar!»

«Pero, ¿agradar cómo? ¿Agradar?… ¿Agradar por qué?» —preguntó tenazmente el tenderillo, que sin duda sería uno de esos razonadores tan abundantes, incapaz de levantarse hasta la lógica de lo absurdo.

«¡Porque sí! ¡Porque sí!» —replicó el hada colérica, volviéndole la espalda; y al incorporarse al cortejo de sus compañeras, les iba diciendo—: «¿Qué os parece ese francesito vanidoso, que quiere entenderlo todo, y que, encima de lograr para su hijo el don mejor, aun se atreve a preguntar y a discutir lo indiscutible?»

EL MAL VIDRIERO

Hay naturalezas puramente contemplativas, impropias totalmente para la acción, que, sin embargo, merced a un impulso misterioso y desconocido, actúan en ocasiones con una rapidez de que se hubieran creído incapaces.

El que, temeroso de que el portero le dé una noticia triste, se pasa una hora rondando su puerta sin atreverse a volver a casa; el que conserva quince días una carta sin abrirla, o no se resigna hasta pasados seis meses a dar un paso necesario desde un año antes, llegan a sentirse alguna vez precipitados bruscamente a la acción por una fuerza irresistible, como la flecha de un arco.

El moralista y el médico, que pretenden saberlo todo, no pueden explicarse de dónde les viene a las almas perezosas y voluptuosas tan súbita y loca energía, y cómo, incapaces de llevar a término lo más sencillo y necesario, hallan en determinado momento un valor de lujo para ejecutar los actos más absurdos y aun los más peligrosos.

Un amigo mío, el más inofensivo soñador que haya existido jamás, prendió una vez fuego a un bosque para ver, según decía, si el fuego se propagaba con tanta facilidad como suele afirmarse. Diez veces seguidas fracasó el experimento; pero a la undécima hubo de salir demasiado bien.

Otro encenderá un cigarro junto a un barril de pólvora, para ver, para saber, para tentar al destino, para forzarse a una prueba de energía, para dárselas de jugador, para conocer los placeres de la ansiedad, por nada, por capricho, por falta de quehacer.

Es una especie de energía que mana del aburrimiento y de la divagación; y aquellos en quien tan francamente se manifiesta suelen ser, como dije, las criaturas más indolentes, las más soñadoras.

Otro, tímido hasta el punto de bajar los ojos aun ante la mirada de los hombres, hasta el punto de tener que echar mano de toda su pobre voluntad para entrar en un café o pasar por la taquilla de un teatro, en que los taquilleros le parecen investidos de una majestad de Minos, Éaco y Radamanto, echará bruscamente los brazos al cuello a un anciano que pase junto a él, y le besará con entusiasmo delante del gentío asombrado...

¿Por qué? ¿Por qué...? ¿Porque aquella fisonomía le fue irresistiblemente simpática? Quizá; pero es más legítimo suponer que ni él mismo sabe por qué.

Más de una vez he sido yo víctima de ataques e impulsos semejantes, que nos autorizan a creer que unos demonios maliciosos se nos meten dentro y nos mandan hacer, sin que nos demos cuenta, sus más absurdas voluntades.

Una mañana me levanté desapacible, triste, cansado de ocio y movido, según me parecía, a llevar a cabo algo grande, una acción de brillo. Abrí la ventana. ¡Ay de mí!

(Observad, os lo ruego, que el espíritu de mixtificación, que en ciertas personas no es resultante de trabajo o combinación alguna, sino de inspiración fortuita, participa en mucho, aunque sólo sea por el ardor del deseo, del humor histérico —al decir de los médicos—, satánico —según los que piensan un poco mejor que los médicos—, que nos mueve sin resistencia a multitud de acciones peligrosas e inconvenientes.)

La primera persona que vi en la calle fue un vidriero, cuyo pregón, penetrante, discordante, subió hacia mí a través de la densa y sucia atmósfera parisiense. Imposible me sería, por lo demás, decir por qué me acometió, para con aquel pobre hombre, un odio tan súbito como despótico.

«¡Eh, eh!» —le grité que subiese—. Entretanto, reflexionaba, no sin cierta alegría, que, como el cuarto estaba en el sexto piso y la escalera era harto estrecha, el hombre haría su ascensión no sin trabajo y darían más de un tropezón las puntas de su frágil mercancía.

Presentóse al cabo: examiné curiosamente todos sus vidrios y le dije:

—¿Cómo? ¿No tiene cristales de colores? ¿Cristales rosa, rojos, azules; cristales mágicos, cristales de paraíso? ¿Habrá imprudencia? ¿Y se atreve a pasear por los barrios pobres sin tener siquiera cristales que hagan ver la vida bella?

Y le empujé vivamente a la escalera, donde, gruñendo, dio un traspiés.

Me llegué al balcón y me apoderé de una maceta chica, y cuando él salió del portal dejé caer perpendicularmente mi máquina de guerra encima del borde posterior de sus ganchos, y, derribado por el choque, se le acabó de romper bajo las espaldas toda su mezquina mercancía ambulante, con el estallido de un palacio de cristal partido por el rayo.

Y, embriagado por mi locura, le grité furioso:

—¡La vida bella, la vida bella!

Tales chanzas nerviosas no dejan de tener peligro y suelen pagarse caras. Pero, ¡qué le importa la condenación eterna a quien halló en un segundo lo infinito del goce!

CADA CUAL CON SU QUIMERA

Bajo un amplio cielo gris, en una vasta llanura polvorienta, sin sendas, ni césped, sin un cardo, sin una ortiga, tropecé con muchos hombres que caminaban encorvados.

Llevaba cada cual, a cuestas, una quimera enorme, tan pesada como un saco de harina o de carbón, o la mochila de un soldado de infantería romana.

Pero el monstruoso animal no era un peso inerte; envolvía y oprimía, por el contrario, al hombre, con sus músculos elásticos y poderosos; prendíase con sus dos vastas garras al pecho de su montura, y su cabeza fabulosa dominaba la frente del hombre, como uno de aquellos cascos horribles con que los guerreros antiguos pretendían aumentar el terror de sus enemigos.

Interrogué a uno de aquellos hombres, preguntándole adónde iban de aquel modo. Me contestó que ni él ni los demás lo sabían; pero que, sin duda, iban a alguna parte, ya que les impulsaba una necesidad invencible de andar.

Observación curiosa: ninguno de aquellos viajeros parecía irritado contra el furioso animal, colgado de su cuello y pegado a su espalda; hubiérase dicho que lo consideraban como parte de sí mismos. Tantos rostros fatigados y serios, ninguna desesperación mostraban; bajo la capa esplenética del cielo, hundidos los pies en el polvo de un suelo tan desolado como el cielo mismo, caminaban con la faz resignada de los condenados a esperar siempre.

Y el cortejo pasó junto a mí, y se hundió en la atmósfera del horizonte, por el lugar donde la superficie redondeada del planeta se esquiva a la curiosidad del mirar humano.

Me obstiné unos instantes en querer penetrar el misterio; mas pronto la irresistible indiferencia se dejó caer sobre mí, y me quedé más profundamente agobiado que los otros con sus abrumadoras quimeras.

EL LOCO Y LA VENUS

¡Qué admirable día! El vasto parque desmaya ante la mirada abrasadora del Sol, como la juventud bajo el dominio del Amor.

El éxtasis universal de las cosas no se expresa por ruido ninguno; las mismas aguas están como dormidas. Harto diferente de las fiestas humanas, esta es una orgía silenciosa.

Diríase que una luz siempre en aumento da a las cosas un centelleo cada vez mayor; que las flores, excitadas, arden en deseos de rivalizar con el azul del cielo por la energía de sus colores, y que el calor, haciendo visibles los perfumes, los levanta hacia el astro como humaredas.

Pero entre el goce universal he visto un ser afligido.

A los pies de una Venus colosal, uno de esos locos artificiales, uno de esos bufones voluntarios que se encargan de hacer reír a los reyes cuando el remordimiento o el hastío los obsesiona, emperejilado con un traje brillante y ridículo, con tocado de cuernos y cascabeles, acurrucado junto al pedestal, levanta los ojos arrasados en lágrimas hacia la inmortal diosa.

Y dicen sus ojos: «Soy el último, el más solitario de los seres humanos, privado de amor y de amistad; soy inferior en mucho al animal más imperfecto. Hecho estoy, sin embargo, yo también, para comprender y sentir la inmortal belleza. ¡Ay! ¡Diosa! ¡Tened piedad de mi tristeza y de mi delirio!»

Pero la Venus implacable mira a lo lejos no sé qué con sus ojos de mármol.

A LA UNA DE LA MAÑANA

¡Solo por fin! Ya no se oye más que el rodar de algunos coches rezagados y derrengados. Por unas horas hemos de poseer el silencio, si no el reposo. ¡Por fin desapareció la tiranía del rostro humano, y ya sólo por mí sufriré!

¡Por fin! Ya se me consiente descansar en un baño de tinieblas. Lo primero: doble vuelta al cerrojo. Me parece que esta vuelta de llave ha de aumentar mi soledad y fortalecer las barricadas que me separan actualmente del mundo.

¡Vida horrible! ¡Ciudad horrible! Recapitulemos el día: ver a varios hombres de letras, uno de los cuales me preguntó si se puede ir a Rusia por vía de tierra —sin duda tomaba por isla a Rusia—; disputar generosamente con el director de una revista, que, a cada objeción, contestaba: «Este es el partido de los hombres honrados»; lo cual implica que los demás periódicos están redactados por bribones; saludar a unas veinte personas, quince de ellas desconocidas; repartir apretones de manos, en igual proporción, sin haber tomado la precaución de comprar unos guantes; subir, para matar el tiempo, durante un chaparrón, a casa de cierta corsetera, que me rogó que le dibujara un traje de Venustre; hacer la rosca al director de un teatro, para que, al despedirme, me diga: «Quizá lo acierte dirigiéndose a Z...; es, de todos mis autores, el más pesado, el más tonto y el más célebre; con él podría usted conseguir algo. Háblele, y allá veremos»; alabarme —¿por qué?— de varias acciones feas que jamás cometí y negar cobardemente algunas otras fechorías que llevé a cabo con gozo, delito de fanfarronería, crimen de respetos humanos; negar a un amigo cierto favor fácil y dar una recomendación por escrito a un tunante cabal. ¡Uf! ¿Se acabó?

Descontento de todos, descontento de mí, quisiera rescatarme y cobrar un poco de orgullo en el silencio y en la soledad de la noche. Almas de los que amé, almas de los que canté, fortalecedme, sostenedme, alejad de mí la mentira y los vahos corruptores del mundo; y vos, Señor, Dios mío, concededme la gracia de producir algunos versos buenos, que a mí mismo me prueben que no soy el último de los hombres, que no soy inferior a los que desprecio.

UN GRACIOSO

Era la explosión del Año Nuevo: caos de barro y nieve, atravesado por mil carruajes, centelleante de juguetes y de bombones, hormigueante de codicia y desesperación; delirio oficial de una ciudad grande, hecho para perturbar el cerebro del solitario más fuerte.

Entre todo aquel barullo y estruendo trotaba un asno vivamente, arreado por un tipejo que empuñaba el látigo.

Cuando el burro iba a volver la esquina de una acera, un señorito enguantado, charolado, cruelmente acorbatado y aprisionado en un traje nuevo, se inclinó ceremonioso ante el humilde animal y le dijo, quitándose el sombrero: «¡Se lo deseo bueno y feliz!»

Volvióse después con aire fatuo no sé a qué camaradas suyos, como para rogarles que añadieran aprobación a su contento.

El asno, sin ver al gracioso, siguió corriendo con celo hacia donde le llamaba el deber.

A mí me acometió súbitamente una rabia inconmensurable contra aquel magnífico imbécil, que me pareció concentrar en sí todo el ingenio de Francia.

EL PASTEL

Viajaba. El paisaje en medio del cual me había colocado tenía grandeza y nobleza irresistibles. Algo de ellas se comunicó sin duda en aquel momento a mi alma. Revoloteaban mis pensamientos con ligereza igual a la de la atmósfera; las pasiones vulgares, como el odio y el amor profano, aparecíanseme ya tan alejadas como las nubes que desfilaban por el fondo de los abismos, a mis pies; mi alma parecíame tan vasta y pura como la cúpula del cielo que me envolvía; el recuerdo de las cosas terrenales no llegaba a mi corazón sino debilitado y disminuido, como el son de la esquila de los rebaños imperceptibles que pasan lejos, muy lejos, por la vertiente de otra montaña.

Sobre el lago pequeño, inmóvil, negro por su inmensa profundidad, pasaba de vez en cuando la sombra de una nube, como el reflejo de la capa de un gigante aéreo que volara cruzando el cielo. Y recuerdo que aquella sensación solemne y rara, causada por un gran movimiento perfectamente silencioso, me llenaba de una alegría mezclada con miedo. En suma, que me sentía, gracias a la embriagadora belleza que me rodeaba, en paz perfecta conmigo mismo y con el universo; y aun sospecho que en mi perfecta beatitud y en mi total olvido de todo el mal terrestre, había llegado a no encontrar tan ridículos a los periódicos que pretenden que el hombre nació bueno.

Cuando, renovadas las exigencias de la materia implacable, pensé en reparar la fatiga y en aliviar el apetito, despierto por tan larga ascensión, saqué del bolsillo un buen pedazo de pan, una taza de cuero y un frasco de cierto elixir que los farmacéuticos de aquellos tiempos solían vender a los turistas, para mezclarlo, llegada la ocasión, con agua de nieve.

Partía tranquilamente el pan, cuando un ruido muy leve me hizo levantar los ojos. Ante mí estaba una criaturilla desharrapada, negra, desgreñada, cuyos ojos hundidos, fríos y suplicantes, devoraban el pedazo de pan. Y le oí suspirar en voz baja y ronca la palabra: ¡pastel! No pude contener la risa al oír el apelativo con que se dignaba honrar a mi pan casi blanco. Corté una buena rebanada y se la ofrecí.

Acercose lentamente, sin quitar los ojos del objeto de su codicia; luego, echando mano al pedazo, retrocedió vivamente, como si hubiese temido que mi oferta no fuese sincera, o que me fuese a volver atrás.

Pero en el mismo instante le derribó otro chiquillo salvaje, que no sé de dónde salía, tan perfectamente semejante al primero, que se le hubiera podido tomar por hermano gemelo suyo. Juntos rodaron por el suelo, disputándose la preciada presa, sin que ninguno de ellos quisiera, indudablemente, sacrificar la mitad a su hermano. Exasperado el primero, agarró del pelo al segundo; cogióle este una oreja entre los dientes, y escupió un pedacito ensangrentado, con un soberbio reniego dialectal. El propietario legítimo del pastel trató de hundir las menudas garras en los ojos del usurpador; este, a su vez, aplicó todas sus fuerzas a estrangular al adversario con una mano, mientras que con la otra intentaba meterse en el bolsillo el galardón del combate. Pero, reanimado por la desesperación, levantose el vencido y echó a rodar por el suelo al vencedor de un cabezazo en el estómago.

¿Para qué describir una lucha horrorosa, que duró, en verdad, más tiempo del que parecían prometer las fuerzas infantiles? Viajaba el pastel de mano en mano y cambiaba a cada momento de bolsillo; pero, ¡ay!, iba cambiando también de volumen; y cuando, por fin, extenuados, jadeantes, ensangrentados, paráronse, en la imposibilidad de seguir, no quedaba, a decir verdad, motivo ninguno de batalla: el pedazo de pan había desaparecido y estaba desparramado en migajas, semejantes a los granos de arena con que se mezclaban.

Tal espectáculo había llenado de bruma el paisaje, y el gozo tranquilo en que se solazaba mi alma, antes de haber visto a los hombrecillos, había desaparecido por entero; me quedé mucho tiempo triste, repitiéndome sin cesar:

¡Conque hay un país soberbio en que al pan le llaman 'pastel', golosina tan rara que basta para engendrar una guerra perfectamente fratricida!

EL RELOJ

Los chinos ven la hora en los ojos de los gatos. Cierto día, un misionero que se paseaba por un arrabal de Nankín advirtió que se le había olvidado el reloj, y le preguntó a un chiquillo qué hora era.

El chicuelo del Celeste Imperio vaciló al pronto; luego, volviendo sobre sí, contestó: «Voy a decírselo.» Pocos instantes después, presentóse de nuevo, trayendo un gatazo, y mirándole, como suele decirse, a lo blanco de los ojos, afirmó sin titubear: «Todavía no son las doce en punto.» Y así era en verdad.

Yo, si me inclino hacia la hermosa felina, la bien nombrada, que es a un tiempo mismo honor de su sexo, orgullo de mi corazón y perfume de mi espíritu, ya sea de noche, ya de día, en luz o en sombra opaca, en el fondo de sus ojos adorables veo siempre con claridad la hora, siempre la misma, una hora vasta, solemne, grande como el espacio, sin división de minutos ni segundos, una hora inmóvil que no está marcada en los relojes, y es, sin embargo, leve como un suspiro, rápida como una ojeada.

Si algún importuno viniera a molestarme mientras la mirada mía reposa en tan deliciosa esfera; si algún genio malo e intolerante, si algún Demonio del Contratiempo viniese a decirme: «¿Qué miras con tal cuidado? ¿Qué buscas en los ojos de esa criatura? ¿Ves en ellos la hora, mortal pródigo y holgazán?» Yo, sin vacilar, contestaría: «Sí; veo en ellos la hora. ¡Es la Eternidad!»

¿Verdad, señora, que este es un madrigal ciertamente meritorio y tan enfático como vos misma? Por de contado, tanto placer tuve en bordar esta galantería presuntuosa, que nada, en cambio, he de pediros.

EL PERRO Y EL FRASCO

—Lindo perro mío, buen perro, chucho querido, acércate y ven a respirar un excelente perfume, comprado en la mejor perfumería de la ciudad.

Y el perro, meneando la cola, signo, según creo, que en esos mezquinos seres corresponde a la risa y a la sonrisa, se acerca y pone curiosa la húmeda nariz en el frasco destapado; luego, echándose atrás con súbito temor, me ladra, como si me reconviniera.

—¡Ah, miserable can! Si te hubiera ofrecido un montón de excrementos, los hubieras husmeado con delicia, devorándolos tal vez. Así tú, indigno compañero de mi triste vida, te pareces al público, a quien nunca se ha de ofrecer perfumes delicados que le exasperen, sino basura cuidadosamente elegida.

EL JUGUETE DEL POBRE

Quiero dar idea de una diversión inocente. ¡Hay tan pocos entretenimientos que no sean culpables!

Cuando salgáis por la mañana con decidida intención de vagar por la carretera, llenaos los bolsillos de esos menudos inventos de a dos cuartos, tales como el polichinela sin relieve, movido por un hilo no más; los herreros que martillan sobre el yunque; el jinete de un caballo, que tiene un silbato por cola; y por delante de las tabernas, al pie de los árboles, regaládselos a los chicuelos desconocidos y pobres que encontréis.

Veréis cómo se les agrandan desmesuradamente los ojos. Al principio no se atreverán a tomarlos, dudosos de su ventura. Luego, sus manos agarrarán vivamente el regalo, y echarán a correr como los gatos que van a comerse lejos la tajada que les disteis, porque han aprendido a desconfiar del hombre.

En una carretera, detrás de la verja de un vasto jardín, al extremo del cual aparecía la blancura de un lindo castillo herido por el sol, estaba en pie un niño, guapo y fresco, vestido con uno de esos trajes de campo, tan llenos de coquetería.

El lujo, la despreocupación, el espectáculo habitual de la riqueza, hacen tan guapos a esos chicos, que se les creyera formados de otra pasta que los hijos de la mediocridad o de la pobreza.

A su lado, yacía en la hierba un juguete espléndido, tan nuevo como su amo, brillante, dorado, vestido con traje de púrpura y cubierto de penachos y cuentas de vidrio.

Pero el niño no se ocupaba de su juguete predilecto, y ved lo que estaba mirando:

Del lado de allá de la verja, en la carretera, entre cardos y ortigas, había otro chico, sucio, desmedrado, fuliginoso, uno de esos chiquillos parias, cuya hermosura descubrirían ojos imparciales, si, como los ojos de un aficionado adivinan una pintura ideal bajo un barniz de coche, lo limpiaran de la repugnante pátina de la miseria.

A través de los barrotes simbólicos que separaban dos mundos, la carretera y el castillo, el niño pobre enseñaba al niño rico su propio juguete, y éste lo examinaba con avidez, como objeto raro y desconocido.

Y aquel juguete que el desharrapado hostigaba, agitaba y sacudía en una jaula, era un ratón vivo. Los padres, por economía, sin duda, habían sacado el juguete de la vida misma.

Y los dos niños se reían de uno a otro, fraternalmente, con dientes de igual blancura.

EL VIEJO SALTIMBANQUI

Por doquiera se ostentaba, se derramaba, se solazaba el pueblo en holgorio. Era una solemnidad de esas que, con mucha antelación, son esperanza de los saltimbanquis, de los prestidigitadores, de los domadores de bichos y de los vendedores ambulantes, para compensar los malos tiempos del año.

En días así, el pueblo me parece que se olvida de todo, del dolor y del trabajo; se vuelve como los niños. Para los chiquillos es día de asueto, es el horror de la escuela aplazado por veinticuatro horas. Para los mayores es un armisticio concertado con las potencias maléficas de la vida, un alto en la contienda y la lucha universal.

Hasta el hombre de mundo y el hombre dado a trabajos espirituales escapan difícilmente a la influencia del júbilo popular. Absorben sin querer su parte de esa atmósfera de despreocupación. Por lo que a mí toca, no dejo nunca, como buen parisiense, de pasar revista a todas las barracas que se pavonean en esas épocas solemnes.

Hacíanse, en verdad, competencia formidable: chillaban, mugían, aullaban. Era una mezcolanza de gritos, detonaciones de cobre y explosiones de cohetes. Titiriteros y payasos ponían convulsiones en los rasgos de sus rostros atezados y curtidos por el viento, la lluvia y el sol; soltaban, con aplomo de comediantes seguros del efecto, chistes y chuscadas, de una comicidad sólida y densa como la de Molière... Los hércules, orgullosos de la enormidad de sus miembros, sin frente y sin cráneo, como orangutanes, se hinchaban majestuosamente bajo las mallas lavadas la víspera para la solemnidad. Las bailarinas, hermosas como hadas o princesas, saltaban y hacían cabriolas al fulgor de las linternas, que les llenaba de chispas el faldellín.

No había más que luz, polvo, gritos, gozo, tumulto; gastaban unos, ganaban otros, alegres unos y otros por igual. Colgábanse los niños de la falda de sus madres para conseguir una barra de caramelo, o se subían en hombros de sus padres para ver bien a un escamoteador relumbrante como una divinidad. Y por todas partes circulaba, dominando todos los perfumes, un olor a frito, que era como el incienso de la fiesta.

Al extremo, al último extremo de la fila de barracas, como si, vergonzoso, se hubiera él mismo desterrado de todos aquellos esplendores, vi a un pobre saltimbanqui, encorvado, caduco, decrépito, a la ruina de un hombre, recostado en un poste de su choza; choza más miserable que la del salvaje embrutecido, harto bien iluminada todavía en su desolación por dos cabos de vela corridos y humeantes.

Por doquier, gozo, lucro, liviandad; por doquier, certidumbre del pan de mañana; por doquier, explosión frenética de la vitalidad. Aquí, miseria absoluta, miseria embozada, para colmo de horror, en harapos cómicos, en contraste traído, más que por el arte, por la necesidad. ¡No se reía aquel desgraciado! No lloraba, no bailaba, no gesticulaba, no gritaba, no cantaba ninguna canción, alegre ni lamentable, ni imploraba tampoco. Estaba mudo, inmóvil; había renunciado, abdicado... Su destino estaba cumplido.

Pero, ¡qué mirada profunda, inolvidable, paseaba por el gentío y las luces, cuyas olas movedizas iban a pararse a pocos pasos de su repulsiva miseria! Sentí que la mano terrible de la histeria me oprimía la garganta, y me pareció que me ofuscaban los ojos lágrimas rebeldes, de las que se niegan a caer.

¿Qué haría yo? ¿Para qué preguntar al infortunado qué curiosidad, qué maravilla podría enseñar en aquellas tinieblas malolientes, detrás de la cortina desgarrada? No me atrevía, a la verdad; y aunque la razón de mi timidez haya de moveros a risa, confesaré que temí humillarle. Acababa, por fin, de resolverme a dejar al paso algún dinero en una tabla de aquéllas, esperando que adivinara mi intento, cuando un gran reflujo de gente, causado no sé por qué perturbación, hubo de arrastrarme lejos de allí.

Y al marcharme, obsesionado por aquella visión, traté de analizar mi dolor súbito, y me dije:

¡Acabo de ver la imagen del literato viejo, superviviente de la generación de que fue entretenimiento brillante; del poeta viejo sin amigos, sin familia, sin hijos, degradado por la miseria y por la ingratitud pública, en la barraca donde no quiere entrar ya la gente olvidadiza!

LA DESESPERACIÓN DE LA VIEJA

La viejecilla arrugada se sentía llena de regocijo al ver a la linda criatura festejada por todos, a quien todos querían agradar; aquel lindo ser, tan frágil como ella, viejecita, y como ella también sin dientes ni cabellos.

Y se le acercó para hacerle fiestas y gestos agradables.

Pero el niño, espantado, forcejeaba al acariciarlo la pobre mujer decrépita, llenando la casa con sus aullidos.

Entonces la viejecilla se retiró a su soledad eterna, y lloraba en un rincón, diciendo:

—¡Ay! Ya pasó para nosotras, hembras viejas, desventuradas, el tiempo de agradar aun a los inocentes; ¡y hasta causamos horror a los niños pequeños cuando vamos a darles cariño!

LA INVITACIÓN AL VIAJE

Hay un país soberbio, un país de Jauja —dicen— que sueño visitar con una antigua amiga. País singular, anegado en las brumas de nuestro Norte, y al que se pudiera llamar el Oriente de Occidente, la China de Europa: tanta carrera ha tomado en él la cálida y caprichosa fantasía; tanto lo ilustró, paciente y tenazmente, con sus sabrosas y delicadas vegetaciones.

Un verdadero país de Jauja, en el que todo es bello, rico, tranquilo, honrado; en que el lujo se refleja a placer en el orden; en que la vida es crasa y suave de respirar; de donde están excluidos el desorden, la turbulencia y lo improvisto; en que la felicidad se desposó con el silencio; en que hasta la cocina es poética, pingüe y excitante; en que todo se te parece, ángel mío.

¿Conoces la enfermedad febril que se adueña de nosotros en las frías miserias, la ignorada nostalgia de la tierra, la angustia de la curiosidad? Un país hay que se te parece, en que todo es bello, rico, tranquilo y honrado; en que la fantasía edificó y decoró una China occidental; en que la vida es suave de respirar; en que la felicidad se desposó con el silencio. ¡Allí hay que irse a vivir, allí es donde hay que morir!

Sí, allí hay que irse a respirar, a soñar, a alargar las horas en lo infinito de las sensaciones. Un músico ha escrito la Invitación al vals; ¿quién será el que componga la invitación al viaje que pueda ofrecerse a la mujer amada, a la hermana de elección?

Sí, en aquella atmósfera daría gusto vivir; allá, donde las horas más lentas contienen más pensamientos, donde los relojes hacen sonar la dicha con más profunda y más significativa solemnidad.

En tableros relucientes o en cueros dorados con riqueza sombría, viven discretamente unas pinturas beatas, tranquilas y profundas como las almas de los artistas que las crearon. Las puestas del sol, que tan ricamente colorean el comedor o la sala, tamizadas están por bellas estofas o por esos altos ventanales labrados que el plomo divide en numerosos compartimientos. Vastos, curiosos, raros son los muebles, armados de cerraduras y de secretos, como almas refinadas. Espejos, metales, telas, orfebrería, loza, conciertan allí para los ojos una sinfonía muda y misteriosa; y de todo, de cada rincón, de las rajas de los cajones y de los pliegues de las telas, se escapa un singular perfume, un vuélvete de Sumatra, que es como el alma de la vivienda.

Un verdadero país de Jauja, te digo, donde todo es rico, limpio y reluciente como una buena conciencia, como una magnífica batería de cocina, como una orfebrería espléndida, como una joyería policromada. Allí afluyen los tesoros del mundo, como a la casa de un hombre laborioso que mereció bien del mundo entero. País singular, superior a los otros, como lo es el Arte a la Naturaleza, en que esta se reforma por el ensueño, en que está corregida, hermoseada, refundida.

¡Busquen, sigan buscando, alejen sin cesar los límites de su felicidad esos alquimistas de la horticultura! ¡Propongan premios de sesenta y de cien mil florines para quien resolviere sus ambiciosos problemas! ¡Yo ya he encontrado mi tulipán negro y mi dalia azul!

Flor incomparable, tulipán hallado de nuevo, alegórica dalia: allí, a aquel hermoso país tan tranquilo, tan soñador, es adonde habría que irse a vivir y a florecer, ¿no es verdad? ¿No te encontrarías allí con tu analogía por marco y no podrías mirarte, para hablar como los místicos, en tu propia correspondencia?

¡Sueños! ¡Siempre sueños! Y cuanto más ambiciosa y delicada es el alma, tanto más la alejan de lo posible los sueños. Cada hombre lleva en sí su dosis de opio natural, incesantemente segregada y renovada, y, del nacer al morir, ¿cuántas horas contamos llenas del goce positivo, de la acción bien lograda y decidida? ¿Viviremos jamás, estaremos jamás en ese cuadro que te pintó mi espíritu, en ese cuadro que se te parece?

Estos tesoros, estos muebles, este lujo, este orden, estos perfumes, estas flores milagrosas, son tú. Son tú también estos grandes ríos, estos canales tranquilos. Los enormes navíos que arrastran, cargados todos de riquezas, de los que salen los cantos monótonos de la maniobra, son mis pensamientos, que duermen o ruedan sobre tu seno. Tú los guías dulcemente hacia el mar, que es lo infinito, mientras reflejas las profundidades del cielo en la limpidez de tu alma hermosa; y cuando, rendidos por la marejada y hastiados de los productos de Oriente, vuelven al puerto natal, son también mis pensamientos, que tornan, enriquecidos de lo infinito, hacia ti.

CONSEJOS A LOS JÓVENES ESCRITORES

LOS PRECEPTOS QUE va a leer son fruto de la experiencia; la experiencia implica una cierta suma de errores y pifias que cada cual va cometiendo —algunas o todas son necesarias—, espero que mi experiencia sea verificada con la de cada cual.

Los señalados preceptos no tienen, pues, otra pretensión que aquella de vademécum, ni otra utilidad que aquella del civismo pueril y honesto. ¡Utilidad enorme! ¡Supongan el código del civismo escrito por una Warens[1] de corazón inteligente y bueno, el arte de arreglarse enseñado por una madre! Así pongo en estos preceptos dedicados a los jóvenes escritores una ternura fraternal.

I. DE LA SUERTE Y LA MALA SUERTE EN LOS COMIENZOS

LOS JÓVENES ESCRITORES que hablan de un joven colega con tono envidioso dicen: «Es un buen principio, ¡ha tenido una suerte bárbara!», no reflexionan en que todo comienzo tiene siempre sus precedentes y que es el efecto de otros veinte comienzos que nos son desconocidos.

No sé si podemos considerar que alguna vez, vistos los hechos, les haya sonado la flauta; creo más bien que un éxito es, en proporción aritmética o geométrica, producto de la fuerza del escritor, el resultado de éxitos anteriores, a menudo invisibles a simple vista. Hay una lenta agregación de éxitos moleculares; pero generaciones milagrosas y espontáneas, jamás.

Aquellos que dicen: tengo mala pata, son los que no han tenido aún éxito y que lo desconocen.

Hablo, pues, de las miles de circunstancias que rodean la voluntad humana y que tienen, en sí, sus causas legítimas de existencia; constituyen una circunferencia en la cual está encerrada la voluntad; pero esta circunferencia es mudable, está viva, gira y cambia todos los días, cada minuto, cada segundo su círculo y su centro. Así, ejercitadas por

[1] En 1728, a los dieciséis años joven Jean Jacques Rousseau abandonó su puesto de aprendiz y cayó bajo la influencia de Madame Louise de Warens, una mujer mucho mayor que él que se convirtió en su madre adoptiva y amante, que ejerció un profundo ascendiente en su obra.

ella, todas las voluntades humanas que están enclaustradas varían a cada momento su juego recíproco, y esto es lo que constituye la libertad.

Libertad y fatalidad son contrarios; pero vistas de cerca y de lejos, resultan ser una única voluntad. Por ello no existe la mala pata. Si uno tiene mala suerte, es que le falta algo: hay que conocer ese algo, estudiar el juego de las vecinas voluntades para desplazar con mayor facilidad la circunferencia.

Un ejemplo entre mil. Algunas de las personas a las que amo y estimo arremeten contra las popularidades actuales. Eugène Sue[2], Paul Féval[3], son unos logogrifos[4] en acción; pero el talento de esta gente, por frívolo que sea, existe, y la cólera de mis amigos o no existe o, más bien, existe negativamente, pues es una pérdida de tiempo, una de las cosas del mundo menos apreciada. La pregunta no es saber si la literatura sentimental o de la forma es superior a la que está de moda. Esto es totalmente verdadero, al menos para mí. Pero no será más que la mitad de verdadero, mientras no tengáis en el género que os queréis instalar tanto talento como Eugène Sue en el suyo. Alumbrad tanto interés con nuevos medios; poseed una fuerza igual y superior en sentido contrario; doblad, triplicad, cuadriplicad la dosis hasta una igual concentración, y ya no tendréis derecho a maldecir al burgués porque el burgués estará con vosotros. Hasta que, ¡vae victis![5], pues nada es más verdad que la fuerza, que es la justicia suprema.

II. DE LOS SALARIOS

POR BELLA QUE sea una casa, es sobre todo —antes de que su belleza sea demostrada—, tantos metros de alta por tantos de larga. Así la literatura, que es la materia más inapreciable, es ante todo un relleno de columnas que el arquitecto literario, cuyo solo nombre no tiene posibilidad de proporcionar beneficio alguno, debe vender a cualquier precio.

---

[2] Eugéne Sue, escritor francés (18041857), autor de Los Misterios de París y El judío errante, novelas humanitarias y patéticas.

[3] Paul Féval (18171887), escritor francés folletines.

[4] Logografía, arte de escribir tan deprisa como se habla por medio de escribientes que trabajan por turnos. Logogrifo, especie de enigma centrado en la combinación de letras, también se utiliza como discurso ininteligible.

[5] Expresión atribuida a Breno, dirigida a los romanos tras la conquista y saqueo de Roma, recordándoles que los vencidos están siempre a merced del vencedor.

Hay gente joven que dice: puesto que esto no vale casi nada, ¿para qué esforzarse tanto? Podrían ofrecer una obra mucho mejor; y en tal caso, no les escamotearían más que por la necesidad actual, por la ley de la naturaleza; pero se desvalijan ellos mismos: aún mal pagados, habrían encontrado algo de honor; pero mal pagados, se sienten deshonrados.

Resumo todo lo que podría escribir sobre esta materia, en esta máxima suprema que dejo a la meditación de todos los filósofos, de todos los historiadores y de todos los hombres de negocios: ¡Sólo por los buenos sentimientos se alcanza la fortuna!

Aquellos que dicen: para qué romperse la cabeza por tan poco, son los que más tarde, una vez alcanzado el éxito, quieren vender sus libros por doscientos francos el folletín y que, rechazados, vuelven al día siguiente a ofrecerlos a la mitad.

El hombre razonable es el que opina: «Creo que esto vale tanto, porque tengo talento: pero si es necesario hacer concesiones, las haré, para tener el honor de estar entre los vuestros».

III. DE LAS SIMPATÍAS Y LAS ANTIPATÍAS

EN AMOR, COMO en literatura, las simpatías son involuntarias: no obstante, tienen la necesidad de ser verificadas y, aquí, la razón tiene su posterior importancia. Las verdaderas simpatías son excelentes, porque son dos en una; las falsedades son detestables, porque no son más que una, excepto la indiferencia primitiva, que vale más que el odio, consecuencia necesaria del engaño y la desilusión.

Por ello admito y admiro la camaradería en tanto que está fundada sobre las referencias esenciales de la razón y el temperamento. Es una de las santas manifestaciones de la naturaleza, una de las numerosas aplicaciones de este proverbio sagrado: la unión hace la fuerza.

La misma ley de franqueza y de ingenuidad debe regir las antipatías. Mientras tanto, hay gente que se fabrica tanto odios como admiraciones, atolondradamente. Es bastante imprudente: supone crearse un enemigo sin beneficio ni provecho. Un golpe que no lleva a nada no hiere el corazón del rival como era su destino, sin contar además que se puede, a tontas y a locas, herir a uno de los testigos del combate.

Un día, durante una lección de esgrima, un acreedor vino a importunarme: lo perseguí por la escalera a golpes de florete. Cuando volví, el maestro de armas, un gigante pacífico que me habría tumbado de un soplido, me dijo: «¡Cómo ha derrochado usted su antipatía! ¡Un poeta! ¡Un filósofo! ¡Bah!» Había perdido el tiempo de realizar dos asaltos, estaba sofocado, avergonzado y despreciado por un hombre más, el acreedor a quien no había conseguido hacer un gran daño.

En efecto, el odio es un licor precioso, un veneno más caro que el de los Borgia, porque está hecho con nuestra sangre, nuestra salud, nuestro sueño y dos tercios de nuestro amor. ¡Es imprescindible ser avaro!

IV. DEL VAPULEO

EL VAPULEO NO debe ser practicado más que contra los partidarios del error. Si sois fuertes, atacar a un hombre fuerte es perderse; aunque disintáis en algunos puntos, será siempre de los vuestros en determinadas ocasiones. Hay dos métodos de vapuleo, dando rodeos o por la línea recta, que es el camino más corto.

Se encuentran suficientes ejemplos de cómo dar rodeos en los folletines de J. Janin[6]. Estas perífrasis divierten a la galería, pero no la instruyen. La línea recta es ahora practicada con éxito por algunos periodistas ingleses; en París, está en desuso; Granier de Cassagnac[7] me parece que la tiene demasiado olvidada. Consiste en decir:

«El señor X... es un hombre deshonesto, y además un imbécil; y es lo que voy a probar» —y probarlo, por esto, por aquello, etc. Recomiendo este método a todos aquellos que tienen fe en la razón y la mano dura.

Un vapuleo fallido es un deplorable accidente, es una flecha que se nos vuelve, o al menos nos destroza la mano, una bala de rebote que nos puede matar.

V. DE LOS MÉTODOS DE COMPOSICIÓN

HOY EN DÍA es forzoso producir mucho; es fundamental ir rápido; es preciso, pues, acelerar el paso lentamente; es imprescindible que todos los golpes acierten y que ninguna acometida sea inútil.

Para escribir rápido es necesario haber reflexionado mucho, acarrear con un tema en el paseo, en el baño, en el restaurante, incluso en casa de la querida.

E. Delacroix[8] me dijo un día: «El arte es algo tan ideal y fugitivo, que las herramientas nunca son las apropiadas, ni los medios lo bastante expeditivos». Como en la literatura; no soy partidario de la tachadura; emborrona el espejo del pensamiento.

---

[6] Jules Janin (18041874), novelista y crítico francés, autor de El asno muerto y la mujer guillotinada, La Normandía Histórica.

[7] Adolphe Granier de Cassagnac, periodista y hombre político gascón (18081880), famoso por su acidez crítica.

[8] Eugene Delacroix (17981863), pintor francés, considerado jefe de la escuela romántica.

Algunos, y de los más distinguidos y conscientes —Édouard Ourliac[9], por ejemplo— comienzan cargando mucho el papel; lo llaman cubrir el lienzo. Tras esta operación confusa que pretende no deshacerse de nada, cada vez que reescriben, amplían y desbrozan. El

resultado puede ser excelente, aunque abuse del tiempo y del talento. Cubrir el lienzo no es llenarlo de colores, es bosquejar en frottis[10], es disponer unas masas en tonos ligeros y transparentes. El lienzo debe estar cubierto, en espíritu, en el momento en que el escritor toma la pluma para escribir el título.

Se dice que Balzac recarga sus originales y pruebas de manera fantástica y desordenada. Una novela pasa desde entonces por una serie de génesis, donde se dispersa no solamente la unidad de las frases, sino también de la obra. Es sin duda este mal método el que da a menudo al estilo no sé qué de difuso, de atropellado, de borrador, el único defecto de este gran historiador.

VI. DEL TRABAJO DIARIO Y LA INSPIRACIÓN

LA ORGÍA NO es la hermana de la inspiración: hemos roto este parentesco adúltero. El súbito nerviosismo y debilidad de algunas jóvenes promesas son suficiente testimonio contra este odioso prejuicio.

Una alimentación sustancial, pero regular, es la única cosa necesaria para escritores fecundos. La inspiración es decididamente la hermana del trabajo diario. Estos dos contrarios no se excluyen más que todos los contrarios que constituyen la naturaleza. La inspiración sucede, como el hambre, como la digestión, como el sueño. Hay sin duda en el espíritu una especie de mecánica celeste, de la que no hay que avergonzarse, hay que sacarle el partido más glorioso, como hacen los médicos con la mecánica del cuerpo. Si se quiere vivir en una contemplación obstinada de las obras futuras, el trabajo diario estará al servicio de la inspiración —así como una escritura legible sirve para aclarar el pensamiento, el pensamiento calmado y potente sirve para escribir de manera legible; porque el tiempo de las malas escrituras ha pasado.

VII. DE LA POESÍA

EN CUANTO A aquellos que se entregan o se han entregado con éxito a la poesía, les recomiendo que no la abandonen nunca. La poesía

---

[9] Autor francés (18131848), que trabajó para Balzac.

[10] En pintura, veladura, capa de color ligera y transparente que se aplica al lienzo.

es una de las artes que más rinden; aunque sea una especie de inversión donde se alcanzan tarde los intereses que, en cambio, son enormes.

Desafío a los envidiosos a que me citen buenos versos que hayan arruinado a un editor. Desde el punto de vista moral, la poesía establece unos límites entre los espíritus de primer orden y los de segundo, de tal manera, que el público más burgués no puede escapar a esta influencia despótica. Conozco a gente que lee los folletines —a menudo mediocres— de Théophile Gautier sólo porque ha escrito La Comédie de la Mort[11]; sin duda no aprecian todos los encantos de esta obra, pero saben que es poeta.

Lo cual asombra, por otra parte, pues todo hombre hecho y derecho puede estar sin comer dos días, pero ¿sin poesía? El arte que satisface la necesidad más imperiosa será siempre el más honrado.

VIII. DE LOS ACREEDORES

RECORDARÉIS SIN DUDA una comedia titulada: Desorden y genio[12]. Que el desorden a veces haya acompañado al genio, prueba solamente que el genio es terriblemente fuerte; desgraciadamente, este título hace suponer a muchos jóvenes que más que una coincidencia se trata de una necesidad.

Dudo mucho que Goethe tuviese acreedores; el propio Hoffmann[13], el desordenado Hoffmann, preso de necesidades más frecuentes, aspiraba sin tregua a arreglárselas, y murió en el momento en que una vida más larga permitía a su genio un desarrollo más radiante.

Nunca tengáis acreedores; haced, si queréis, como que los tenéis, es todo lo que puedo permitiros.

IX. DE LAS AMANTES

SI QUIERO OBSERVAR la ley de los contrastes, que gobierna el orden moral y el orden físico, estoy obligado a ordenar en sus clases a las mujeres peligrosas para la gente de letras: la mujer honesta, la sabihonda y la actriz; la mujer honesta, porque pertenece necesariamente a dos hombres y es mediocre pasto para el alma despótica de un poeta; la sabihonda porque es un hombre marrado; la actriz porque se lustra de literatura y habla en argot. Simplemente, porque no es una mujer en toda

---

[11] La Comedie de la Mort (1838) obra poética de Théophile Gautier.

[12] Kean ou désordre et genie (1836) Obra de Alejandro Dumas.

[13] Ernst Theodor Amadeus Hoffmann, escrito y músico alemán (1776-1822) de inspiración poderosa y subyugante, a quien Baudelaire admirase.

la acepción del término, ya que el público es para ella algo más precioso que el amor.

¿Os imagináis un poeta enamorado de su mujer y obligado a verla interpretar a un travesti? Me parece que debería pegarle fuego al teatro.

¿Os lo imagináis obligado a escribir un papel para su mujer que no tiene ni pizca de talento? ¿Y a aquel otro, sudoroso por tener que devolver en unos epigramas al público del proscenio los dolores que el público le ha hecho pasar a su ser más querido —ese ser que los orientales guardaban bajo siete llaves antes de venir a estudiar derecho a París? Porque a todos los verdaderos escritores les molesta la literatura en determinados momentos, no admito para ellos —almas libres y orgullosas, espíritus fatigados, que tienen siempre necesidad de reposar el séptimo día— más que dos clases de mujeres posibles: las putas o las mujeres tontas —el amor o el puchero—. Hermanos, ¿es necesario explicar las razones?

EDGAR ALLAN POE: SU VIDA Y SU OBRA

I

Hace mucho tiempo, fue llevado ante uno de nuestros tribunales un criminal cuya frente estaba tatuada con el singularmente extraño dispositivo: "Nunca hay una posibilidad". Así, como un libro lleva su título, él llevó sobre sus ojos la ley de etiqueta de su vida, y el interrogatorio demostró que este curioso escrito era cruelmente veraz.

Existen, en la historia de la literatura, muchos destinos análogos de condenación real, muchos hombres que llevan la palabra "Desafortunado" escrita en caracteres misteriosos en los pliegues sinuosos de sus frentes. El ángel ciego de la Expiación revolotea para siempre a su alrededor, castigándolos con varas para la edificación de los demás. Es en vano que sus vidas exhiban talentos, virtudes o gracias. La sociedad tiene para ellos una anatema especial, acusándolos incluso de aquellas enfermedades que sus propias persecuciones han generado.

¿Qué no habría hecho Hoffmann para desarmar al destino? ¿Qué no intentó Balzac para obligar a la Fortuna? ¿Existe, pues, alguna Providencia diabólica que prepara la miseria desde la cuna; que arroja —y arroja con premeditación— a estas naturalezas espirituales y angélicas a filas hostiles, como fueron una vez arrojados los mártires a la arena?

¿Puede haber, entonces, almas santas destinadas al altar del sacrificio, obligadas a marchar hacia la muerte y la gloria a través de las ruinas mismas de sus vidas? ¿La pesadilla de la oscuridad asediará eternamente a estas almas elegidas?

En vano pueden luchar, en vano conformarse al mundo, a su previsión, a su astucia; que crezcan perfectos en prudencia, que tapen cada entrada, que claven cada ventana contra los dardos del destino; el Demonio entrará por el ojo de una cerradura. Alguna falta surgirá de la perfección misma de su coraza; alguna cualidad superlativa será el germen de su condenación:

"L'aigle, pour le briser, du haut du firmament,
Sur leur front découvert lâchera la tortue,
Car ils doivent périr inévitablement."

Su destino está escrito en su misma constitución; brillando con un brillo siniestro en sus miradas y en sus gestos; circulando por sus arterias en cada glóbulo de su sangre.

Un famoso autor de nuestro tiempo ha escrito un libro para demostrar que el poeta no puede encontrar un hogar feliz ni en la democracia ni en la sociedad aristocrática —no más en una república que en una monarquía, absoluta o limitada— ¿y quién podría perentoriamente responderle?

Traigo hoy una nueva leyenda en apoyo de su teoría; hoy, añado un nuevo santo al santo ejército de los mártires, porque he de escribir la historia de uno de aquellos ilustres desdichados, demasiado ricos en poesía y en pasión, que vinieron después de tantos otros, para servir en este mundo aburrido al rudo aprendizaje del genio entre las almas inferiores.

¡Una lamentable tragedia esta vida de Edgar Poe! Su muerte es un horrible desenlace del drama, donde el horror se enquista con trivialidades. Todos los documentos que he estudiado me refuerzan en la convicción de que los Estados Unidos no eran para Poe más que una vasta prisión por la que corría, de un lado a otro, con la agitación febril de un ser creado para respirar en un mundo más puro... un país salvaje y bárbaro, bárbaro e iluminado por el gas. Su vida interior, espiritual como poeta, espiritual incluso como borracho, no era más que un esfuerzo perpetuo para escapar de la influencia de esta atmósfera antipatética.

No hay dictador más despiadado que el de la Opinión Pública en las sociedades democráticas; no le ruegues por caridad, ni indulgencia, ni elasticidad alguna en la aplicación de sus leyes a los variados y complejos casos de la vida moral. Podríamos decir que, desde el amor impío, ha nacido una nueva tiranía: la tiranía de los tontos, que, en su ferocidad insensible, se asemeja al ídolo de la libertad: Juggernaut.

Un biógrafo nos dice gravemente —y con la mejor intención posible— que Poe, si hubiera querido regular su genio, aplicar sus facultades creativas de una manera más apropiada para el suelo americano, podría haberse convertido en un autor que hacía dinero. Otro, un cínico declarado, dice que por hermoso que fuera el genio de Poe, habría sido mejor que sólo hubiera poseído talento, ya que el talento puede acumular el equilibrio del banquero mucho más fácilmente que el genio. Un tercero, un amigo del poeta, hombre que ha editado muchas revistas y periódicos, confiesa que era difícil emplear a Poe y que se vio obligado a pagarle menos que a los demás, porque escribía en un estilo demasiado alejado del vulgo. ¡Cómo "sabe a tienda", como diría Joseph de Maistre!

Algunos incluso se han atrevido a más, y uniendo la más torpe falta de inteligencia de su genio a la ferocidad de los hipócritas de la clase comerciante, lo insultaron hasta el extremo después de su prematuro final, intimidando groseramente a su pobre cadáver mudo. En particular el Sr. Rufus Griswold, quien, citando aquí el vengativo dicho de George Graham, entonces "cometió una infamia inmortal".

Poe, sintiendo tal vez el siniestro presentimiento de una muerte súbita, había nombrado a Griswold y a Willis como sus albaceas literarios, para que depositaran sus papeles, escribieran su vida y restauraran su memoria. El primero —el vampiro pedagogo— lo difamó en un artículo enorme, tedioso y lleno de odio, que precedió a la edición póstuma de las obras de Poe. ¿No hay entonces regulaciones en Estados Unidos para mantener a los malditos fuera de los cementerios?

El Sr. Willis, sin embargo, ha demostrado lo contrario: que la bondad y el respeto van de la mano con el verdadero ingenio, y que la caridad, que es siempre un deber moral, es también uno de los dictados del buen gusto.

Hablar de Poe con un americano... Tal vez confiese su genio, tal vez incluso muestre cierto orgullo personal de él; pero, con esa superioridad sardónica que denota a su hombre positivo, te hablará de la vida desordenada del poeta; de su aliento alcoholizado, listo para encenderse a la llama de cualquier vela; de sus hábitos vagabundos. Reiterará que el poeta era un ser errático y extraño, un planeta sin órbita, rodando incesantemente de Baltimore a Nueva York, de Nueva York a Filadelfia, de Filadelfia a Boston, de Boston a Baltimore, de Baltimore a Richmond.

Y si, profundamente conmovido por estos preludios de una penosa historia, se trata de hacerle entender que el individuo no era el único culpable, que debe de haber sido difícil escribir o pensar tranquilamente en un país donde hay un millón de soberanos, un país sin metrópoli en sentido estricto y sin aristocracia, sus ojos se abrirán ferozmente y, brillando de rabia, la tontería del patriotismo sufriente espumeará en sus labios. América, por su boca, lanzará maldiciones a su vieja madre, Europa, y a la filosofía de la antigüedad.

Repito una vez más mi firme convicción de que Edgar Poe y su país nunca estuvieron a la altura el uno del otro. Estados Unidos es un país gigantesco e infantiloide, no sin que fuera natural su celo hacia el viejo continente. Orgulloso de su desarrollo material, anormal y casi monstruoso, este recién llegado a la historia tiene una fe ingenua en la omnipotencia de la industria, convencido de que, incluso con sus desafortunados, terminará por devorar al mismísimo diablo.

El tiempo y el dinero están allí guardados en tal estima extraordinaria; la actividad material, exagerada casi hasta las proporciones de una manía nacional, deja espacio en sus mentes para poco que no sea de la tierra. Poe, que procedía de buena raza y que, además, declaraba que la gran desgracia de su país era la falta de una aristocracia, esperaba —como argumentaba a menudo— que en una nación sin aristocracia, el culto a la belleza no haría más que corromperse, disminuir y desaparecer.

Acusaba a sus conciudadanos, en su enfático y costoso lujo, de todos los síntomas del mal gusto que caracteriza a los parvenus; consideraba el Progreso, la gran idea de los tiempos modernos, como el éxtasis de los ociosos tontos; y calificaba la perfección moderna de la morada humana como una monstruosidad y una abominación rectangular.

Poe, digo, tenía un cerebro singularmente solitario. Creyendo sólo en lo inmutable, en la eternidad de la naturaleza, disfrutaba de un cruel privilegio en una sociedad enamorada de sí misma. Tenía el gran sentido común de Maquiavelo, que marcha delante del estudiante como una columna de fuego a través de los desiertos de la historia.

¿Qué habría escrito, qué habría pensado, si hubiera escuchado al teólogo sentimental, por amor a la raza humana, suprimir el infierno mismo; al filósofo de la tienda de trapos proponer una compañía de seguros para poner fin a las guerras por la suscripción de medio penique por cabeza; la abolición de la pena capital y de la ortografía —dos locuras correlativas— y una multitud de enfermos escribiendo, con la oreja pegada al vientre, gruñidos fantásticos tan flatulentos como el elemento que los dictaba?

Si a esto le añadimos una impecable visión de la Verdad —una verdadera debilidad bajo ciertas circunstancias—, una exquisita delicadeza de gusto, repugnancia de todo lo que se sale de la proporción exacta, y un insaciable amor por lo bello, que había asumido el poder de una pasión mórbida, dejas de asombrarte del todo de que tal vida se hubiera convertido en un infierno. Y más aún: admiras su entusiasmo por haberla soportado tanto tiempo.

II.

La familia de Poe era una de las más respetables de Baltimore. Su abuelo materno se había desempeñado como intendente general en la guerra de la Independencia, y se había ganado la amistad y la alta estima de La Fayette, quien, durante su último viaje a través de los Estados Unidos, buscó especialmente a la viuda del general para expresarle su gratitud por los servicios que su esposo había prestado. Su bisabuelo se había casado con la hija del almirante inglés MacBride, quien estaba emparentado con las casas más nobles de Inglaterra.

David Poe, hijo del general y padre de Edgar, se enamoró violentamente de una actriz inglesa, Elizabeth Arnaldo —entonces famosa por su belleza—, se escapó con ella, se casó y, para unir aún más íntimamente sus destinos, subió a los escenarios, apareciendo con su esposa en las tablas de los teatros de las principales ciudades de la Unión. La joven pareja murió en Richmond casi al mismo tiempo, dejando tres niños pequeños, el menor de los cuales era Edgar, en condiciones de indefensión y abandono.

Edgar Poe nació en Baltimore en el año 1813 —doy esta fecha por su propia autoridad, pues en sus escritos protesta contra la declaración de Griswold, que sitúa su nacimiento en 1811—. Si alguna vez, para tomar prestada una expresión del propio Poe, el "espíritu de romance", un espíritu siniestro y tormentoso, presidió un nacimiento, sin duda fue en el suyo. Poe era el verdadero hijo de la pasión y la aventura.

El señor Allan, un rico comerciante, se encaprichó del desdichado muchacho, a quien la naturaleza había dotado de un encanto singular. Al no tener hijos, lo adoptó como tal, y en adelante fue conocido como Edgar Allan Poe. Fue criado en una posición feliz y con la legítima esperanza de heredar una de esas fortunas que elevan el carácter de un hombre. Acompañó a sus padres adoptivos en un viaje a través de Inglaterra, Escocia e Irlanda. Antes de regresar a América, fue confiado al cuidado del Dr. Bransby, quien dirigía una escuela importante en Stoke-Newington, un suburbio del norte de Londres. El mismo Poe, en William Wilson, ha descrito esta antigua y pintoresca casa, con sus frontones isabelinos, y todas sus impresiones de colegial.

Regresó a Richmond en 1822 y continuó sus estudios con los mejores maestros del vecindario. En la Universidad de Charlottesville, a la que ingresó en 1825, se distinguió no solo por una inteligencia casi milagrosa, sino también por una siniestra abundancia de pasiones: una precocidad verdaderamente americana que fue, finalmente, la causa de su expulsión.

Debe señalarse, de paso, que Poe manifestó en Charlottesville una notable aptitud para las ciencias físicas y matemáticas, aptitud que más tarde usó frecuentemente en sus historias, extrayendo de ella recursos totalmente inesperados. Sin embargo, creo que no era este el tipo de composición que más valoraba, y que —tal vez por su facilidad— consideraba estas habilidades como meros malabarismos comparados con las obras de pura imaginación.

Algunas desafortunadas deudas de juego llevaron a una frialdad temporal por parte de su padre adoptivo. Edgar —un hecho muy curioso, que demuestra una fuerte dosis de caballerosidad en su impresionable carácter— concibió el proyecto de ayudar a los griegos en su lucha contra la tiranía turca. Lo que fue de él en Oriente, lo que hizo allí, si realmente llegó a estudiar las costas del Mediterráneo, por qué fue hallado en San Petersburgo sin pasaporte y en situación comprometida, obligado a recurrir al embajador estadounidense para escapar de la justicia rusa y regresar a casa... todo esto permanece en el misterio. Es un vacío que sólo él podría haber llenado. Su juventud, sus aventuras en Rusia y su correspondencia han sido prometidas por largo tiempo en la prensa americana, pero aún no han aparecido.

Al regresar a Estados Unidos en 1829, expresó su deseo de ingresar en el colegio militar de West Point. Allí, como en otros lugares, demostró poseer una inteligencia admirable, aunque también indisciplinada. Al cabo de unos meses, fue expulsado. Poco después ocurrió un hecho que afectó profundamente su vida: la señora Allan, por quien sentía un afecto verdaderamente filial, murió, y el señor Allan contrajo segundas nupcias con una mujer mucho más joven. Una disputa familiar se desencadenó, cuyas razones no han sido esclarecidas por sus biógrafos. Sin embargo, no es de sorprender que fuera definitivamente separado del señor Allan, quien, al tener hijos de su segundo matrimonio, le cerró por completo cualquier esperanza de herencia.

Poco después de dejar Richmond, Poe publicó un pequeño volumen de poemas. Este fue, en verdad, un brillante primer intento. Para quienes sabían sentir y apreciar la poesía inglesa, ya se percibía en esos versos ese acento extraterrestre, esa calma melancólica, esa deliciosa solemnidad que caracteriza a los verdaderos maestros.

La miseria lo llevó por un tiempo a enrolarse como soldado, y es de suponer que empleó el tedio de la vida de guarnición en preparar materiales para sus futuras composiciones. Esas composiciones extrañas parecían creadas para mostrar que la rareza es parte integral de lo bello. Pronto se embarcó en una carrera literaria —una donde sólo ciertos espíritus pueden respirar—. Poe habría muerto en la más extrema miseria si no hubiera sido por una afortunada casualidad que le permitió ganar algo de pan.

El propietario de una pequeña revista había convocado dos premios: uno para el mejor cuento y otro para el mejor poema. Una bella letra llamó la atención de un tal Kennedy, quien presidía el jurado, y quiso examinar personalmente los manuscritos. Declaró de inmediato que Poe merecía ambos premios, aunque solo podía otorgársele uno. Deseoso de conocer al autor, el editor le presentó a un joven andrajoso, cubierto hasta el mentón con un abrigo raído, pero de porte altivo y aspecto hambriento. Kennedy, conmovido, lo ayudó cuanto pudo y lo recomendó al señor Thomas White, fundador del Southern Literary Messenger de Richmond.

White, un editor emprendedor pero sin talento literario, encontró pronto en Poe un colaborador indispensable. A los veintidós años, Poe se convirtió en editor de la revista, cuya prosperidad dependía ya exclusivamente de él. Estableció rápidamente su reputación y, años después, el Southern Literary Messenger reconoció que su notoriedad y suscriptores se debían, principalmente, a aquel excéntrico y errante borracho.

Durante casi dos años, Poe publicó una serie de textos originales y novedosos, además de artículos críticos dotados de viveza, concisión y severidad de razonamiento. Su cultura enciclopédica le permitía abordar la literatura en todas sus ramas. Es sorprendente saber que por todo ese esfuerzo recibía tan solo quinientos dólares al año, unas 108 libras esterlinas.

Inmediatamente —dice Griswold con sarcasmo—, creyéndose ya rico, se casó con una joven hermosa, encantadora y de alma heroica, aunque sin fortuna: su prima, Virginia Clemm.

A pesar de sus aportes, White rompió con Poe antes de cumplirse dos años. La razón parece haber sido su hipocondría, sumada a accesos de embriaguez que ensombrecían su espíritu como nubes oscuras oscurecen el más romántico de los paisajes. Desde entonces, Poe vagó como un nómada, llevando su luz errante por las principales ciudades de la Unión. En cada lugar, dirigía o contribuía a periódicos, vertiendo crítica, artículos filosóficos e historias de belleza mágica, muchas de las cuales fueron reunidas bajo el título de Cuentos de lo grotesco y lo arabesco. El título era intencionado: lo grotesco y lo arabesco, como decoración, repugnan a la figura humana. Y las obras de Poe son, en muchos aspectos, extra o sobrehumanas.

Sabemos, por escandalosos párrafos insertados en periódicos, que Poe y su esposa, en un estado de extrema indigencia, cayeron gravemente enfermos en Fordham. Allí murió su devota esposa y, poco después, el poeta sufrió su primer ataque de delirium tremens. Poco después, un periódico donde había sido severamente tratado publicó un párrafo que condenaba su desprecio por el mundo, uno de esos ataques furtivos de la opinión pública contra los que siempre tuvo que defenderse en una lucha estéril y fatigosa.

Para entonces, ya ganaba algo de dinero, casi lo necesario para vivir. Pero poseía un espíritu sensible, y las dificultades lo desalentaban con facilidad. Como otros escritores, soñaba con fundar su propia revista: un refugio definitivo para sus pensamientos. Para lograrlo, recurrió a las conferencias, una forma de especulación popularizada por el Colegio de Francia. Poe ya había dado una conferencia en Nueva York titulada Eureka, su poema cosmogónico, que suscitó una encendida polémica.

Decidió entonces realizar una gira de conferencias en Virginia. Escribió a Willis con la esperanza de visitar el este y el sur, contando con el apoyo de sus amigos literarios y antiguos compañeros de estudios. Recorrió varias ciudades de Virginia, y en Richmond, donde lo conocían de joven pobre y desamparado, reapareció elegante, refinado y digno como el genio mismo. Incluso, durante un tiempo, llegó a unirse a una sociedad de temperancia.

Escogió como tema de su conferencia uno tan elevado como noble: Los principios de la poesía, que desarrolló con esa claridad que era uno de sus dones. Creía, como verdadero poeta, que el fin de la poesía es de la misma naturaleza que su principio: que nunca debe tener en vista nada más que a sí misma.

La feliz acogida con que fue recibido inundó su pobre corazón de orgullo y alegría. Se mostró encantado con ello, al punto que incluso habló de establecerse definitivamente en Richmond y terminar sus días en el lugar que, en la infancia, le había sido tan querido.

Sin embargo, tenía negocios en Nueva York y partió el 4 de octubre, quejándose de debilidad y escalofríos. Al llegar a Baltimore, hacia las seis de la tarde, se sintió peor. Hizo que su equipaje fuera trasladado a la estación, pues tenía intención de partir hacia Filadelfia, y luego entró en una taberna para tomar algún estimulante. Allí, desgraciadamente, se encontró con viejos conocidos y se detuvo hasta tarde.

A la mañana siguiente, en las pálidas sombras del amanecer, se encontró un cuerpo en el camino principal, aún vivo, pero ya marcado con el sello de la muerte. En ese cuerpo —no reconocido por nadie, sin papeles ni dinero— fue llevado directamente al hospital, donde murió Edgar Poe en la tarde del domingo 7 de octubre de 1849, a la edad de treinta y siete años, vencido por el delirium tremens, el terrible huésped que ya había visitado su cerebro una o dos veces antes.

Así desapareció de este mundo uno de nuestros más grandes héroes literarios. Aquel que, en El gato negro, había escrito estas palabras proféticas: "¡Qué enfermedad es como el alcohol!"

Esta muerte fue casi un suicidio, un suicidio preparado desde una época temprana. En todo caso, causó todo el escándalo de uno. El clamor del público fue ensordecedor, y la virtud se apresuró a dar su solemne canto, libre y voluptuosamente. Las oraciones fúnebres más indulgentes dieron paso al inevitable oficio de la moral pública, que no dejó pasar tan admirable oportunidad.

El señor Griswold difamó severamente. El señor Willis, sinceramente afligido, estuvo a la altura de la ocasión. ¡Ay, y mil veces ay!, el que había escalado las alturas más arduas de la estética, el que se había sumergido en las profundidades menos exploradas del intelecto humano, y que, a través de una vida semejante a una tempestad sin esperanzas de calma, descubrió nuevos medios y caminos para deslumbrar la imaginación, había muerto apenas unas horas antes, en las salas de un hospital. ¡Qué destino! Tanta grandeza, tanta miseria, para terminar siendo objeto de moralidades vulgares, alimento para periodistas virtuosos:

Ut dedamatio fias.

Estos espectáculos no son en modo alguno novedosos. Rara vez, en efecto, el funeral de un joven e ilustre artista es otra cosa que un lugar de escándalo. La sociedad, por su parte, no ama a sus desesperados desdichados. Ya sea que perturben sus fiestas o que sirvan de espejo para sus remordimientos, la sociedad tiene, sin duda, razón para no tolerarlos.

¿Quién no recuerda las declamaciones de todo París a la muerte de Balzac, quien, sin embargo, murió con la debida propiedad? Y más recientemente aún —solo un año antes de estas líneas—, cuando un escritor virtuoso, por encima de toda sospecha, dotado de la más alta inteligencia y siempre admirablemente lúcido, se marchó sin perturbar a nadie, tan discretamente que su partida se asemejó al desprecio: ¡cuántas homilías nauseabundas surgieron! ¡Qué asesinatos refinados! Un célebre periodista —a quien Jesús jamás enseñará la generosidad— encontró en la tragedia suficiente "gracia" para celebrar la aventura con una grosera broma.

Entre los muchos derechos del hombre proclamados por la sabiduría del siglo XIX, se han olvidado dos de los más importantes: el derecho a contradecirse a sí mismo, y el derecho a irse. Pero la sociedad mira al que parte como a un hombre insolente; con gusto castigaría sus restos, como aquel desventurado soldado vampirizado por la visión de un cadáver.

Y sin embargo, bajo ciertas circunstancias, tras un examen serio de incompatibilidades, con firme creencia en algunos dogmas y en la metempsicosis, podría decirse —sin juegos de palabras ni afectación—

que el suicidio es, a veces, la acción más razonable de una vida. Así se agrupa una compañía de fantasmas, ya numerosos, cada uno de los cuales vuelve a nosotros jactándose de su reposo real, persuadiéndonos a unirnos a ellos.

Confesemos, de una vez por todas, que el melancólico final del autor de Eureka despertó una piedad excepcional, sin la cual el mundo se haría insoportable. El señor Willis, como ya he mencionado, habló con sinceridad y emoción de las buenas relaciones que siempre tuvo con Poe. John Neal y George Graham intentaron provocar vergüenza en Griswold. El señor Longfellow —a quien Poe había atacado cruelmente— supo elogiar con nobleza los grandes dones de Poe como poeta y prosista. Una pluma anónima declaró que la literatura norteamericana había perdido su cabeza más fuerte.

La señora Clemm, enferma del corazón e indeciblemente desdichada —porque Edgar era para ella tanto hijo como hija— sufrió un golpe terrible. Willis, de quien tomo estos detalles casi palabra por palabra, dice que ella vigilaba ese destino fatídico con devoción y ternura. Edgar Poe era un ser vergonzoso, además de que escribía con fastidiosa dificultad y en un estilo demasiado elevado para ser bien remunerado. Siempre estaba en apuros económicos, y él y su esposa enferma vivían a menudo en urgente necesidad.

Willis cuenta que un día, una dama anciana de semblante dulce y grave entró a su despacho. Era la señora Clemm, en busca de trabajo para su querido Edgar. El biógrafo quedó impresionado no sólo por su comprensión del talento de Poe, sino también por su presencia: su voz baja y triste, sus modales antiguos pero imponentes. Durante años, se vio a esta infatigable servidora del genio, pobremente vestida, yendo de diario en diario para vender un poema, un artículo, repitiendo que su hijo estaba enfermo —la única excusa que ofrecía cuando él sufría esos ataques de esterilidad literaria tan comunes en los escritores nerviosos— sin dejar jamás escapar de sus labios una duda o disminución de confianza en el genio y voluntad de su bienamado.

Cuando su hija murió, su devoción por el poeta se duplicó. Vivía para cuidarlo, defenderlo del mundo y de sí mismo. Si alguna vez —dice Willis— la devoción de una mujer, nacida del amor y alimentada por la pasión humana, ha santificado a su objeto, ¿qué no puede decirse de esta devoción pura, desinteresada y santa como la vigilancia de un espíritu invisible?

Algunos detractores de Poe han señalado que poseía seducciones tan poderosas que sólo podían confundirse con virtudes.

Podemos imaginar cuán terrible fue la noticia para esta madre desdichada. Escribió a Willis una carta de la que cito algunas líneas:

"Esta mañana me he enterado de la muerte de mi querido Eddie... ¿Puedes darme alguna circunstancia o particularidad?... ¡Oh! No abandones a tu amigo en esta amarga aflicción... Pregúntale al Sr. —— que venga, ya que tengo que entregarle un mensaje de mi pobre Eddie... No necesito pedirte que recuerdes su muerte y hables bien de él. Sé que lo harás. Pero dime qué hijo tan cariñoso fue para mí, su pobre y desolada madre..."

Esta mujer me parece grande y más que antigua. Golpeada por un dolor irreparable, no piensa sino en la reputación de aquel que fue su todo. No le basta decir que era un genio: el mundo entero debía saber que también fue un hombre obediente y cariñoso. Esta madre —antorcha y hogar iluminados por un rayo venido de los cielos— ha sido enviada como ejemplo a nuestra raza, tan poco cuidadosa del heroísmo y la devoción, de todo lo que hay de más noble en el deber.

¿No sería justo inscribir ante las obras del poeta: "¿Cómo se llamaba ella, que fue el sol moral de su vida?", para embalsamar en su gloria el nombre de aquella mujer cuya ternura curó sus heridas, y cuya imagen se cierne incesantemente sobre el martirologio de la literatura?

III.

La vida de Poe —su moral, sus modales, su ser físico, todo lo que constituía su entorno personal— aparece como algo a la vez sombrío y brillante. Su persona, singularmente cautivadora, estaba, como sus obras, marcada con un sello indefinible de melancolía. Además, estaba notablemente bien dotado en todos los aspectos.

De joven había mostrado una rara aptitud para los ejercicios físicos y, aunque hecho con los pies y las manos de una mujer —con esa delicadeza femenina de aspecto—, era más que robusto y capaz de hazañas maravillosas de fuerza. En su primera juventud había ganado una apuesta de natación recorriendo una distancia que superaba lo ordinario.

Podríamos decir que la naturaleza dota a aquellos de quienes espera grandes cosas de un temperamento enérgico, así como da una fuerte vitalidad a los árboles que se erigen como símbolos del dolor y del luto. Estos hombres, de apariencia externa a veces casi lamentable, están construidos como atletas: buenos tanto para la orgía como para el trabajo, rápidos para el exceso y capaces de una sobriedad asombrosa.

Hay algunos puntos relativos a Poe sobre los cuales hay un acuerdo unánime: su natural distinción, su elocuencia y su belleza —de la cual, según se dice, era tal vez un poco vanidoso—. Sus modales, una extraña mezcla de altivez y dulzura, estaban llenos de firmeza. Su fisonomía, su andar, sus gestos, cada movimiento de su cabeza, lo declaraban, sobre todo en sus días más felices, como una criatura elegida. Todo su ser respiraba una solemnidad penetrante.

Estaba realmente marcado por la naturaleza como esas figuras entre los transeúntes que atraen la mirada del observador e interesan su memoria. Incluso el pedante y agrio Griswold confesó que, al visitar a Poe y encontrarlo pálido y aún afligido por la enfermedad y muerte de su esposa, quedó impresionado más allá de toda medida. No solo por la perfección de sus modales, sino aún más por su fisonomía aristocrática y la atmósfera perfumada de su habitación, que, por lo demás, estaba modestamente amueblada.

Griswold ignora que el poeta —más que otros hombres— poseía ese maravilloso privilegio atribuido a las mujeres de Francia y de España: el de saber adornarse con una mera nada. Poe, amante de la belleza en todas las cosas, habría hallado el medio de transformar una cabaña con techo de paja en un palacio de tipo novedoso. ¿No escribió, con espíritu original y curioso, sobre diseños de muebles, planos de casas de campo, jardines y paisajes remodelados?

Todavía existe una encantadora carta de la señora Frances Osgood, una de las amigas de Poe, que nos ofrece detalles curiosos sobre sus modales, su persona y su vida familiar. Esta dama, distinguida escritora, negó valientemente todo conocimiento personal de los vicios y faltas atribuidas al poeta:

"Con los hombres —le dijo a Griswold—, tus opiniones pueden ser perfectamente justas, pero para las mujeres fue distinto... Creo que nadie puede conocerlo, ninguna mujer, al menos, sin sentir un profundo interés por él. Nunca lo vi de otra manera que gentil, generoso, bien educado y meticulosamente refinado."

Continúa diciendo:

"Mi primer encuentro con el poeta fue en Astor House. Unos días antes, el señor Willis me había leído, en la mesa d'hôte, ese extraño y emocionante poema titulado El Cuervo, diciendo que su autor deseaba mi opinión. El efecto que tuvo en mí fue tan singular —tan parecido al de una música extraña y sobrenatural— que sentí casi vergüenza al saber que deseaba una introducción.

Nunca olvidaré la mañana en que el señor Willis me llamó al salón para recibirlo. Con su orgullosa y hermosa cabeza erguida, sus ojos oscuros brillando con la luz eléctrica del sentimiento y el pensamiento, una inimitable mezcla de dulzura y altivez en su expresión y modales, me saludó con calma, gravedad, casi frialdad; pero con tal seriedad marcada, que no pude evitar sentirme profundamente impresionada. Desde ese momento hasta su muerte fuimos amigos... Y en sus últimas palabras, antes de que la razón abandonara para siempre su trono imperial en aquel cerebro sobrecargado, conservo un conmovedor recuerdo de su fe y amistad eternas."

"Fue en su propia casa —sencilla, pero poética— donde para mí el carácter de Edgar Poe apareció en su forma más hermosa. Juguetón, cariñoso, ingenioso, alternativamente dócil y caprichoso como un niño mimado, para su joven, gentil e idolatrada esposa y para todos los que acudían a él, hallaba, incluso en medio de sus más acosadores deberes literarios, una palabra amable, una sonrisa grata, una atención elegante y cortés.

En su escritorio, bajo el cuadro romántico de su Lenore amada y perdida, se sentaba hora tras hora, paciente, asiduo y sin queja, trazando con una caligrafía exquisitamente clara, y con una rapidez casi sobrehumana, pensamientos relampagueantes, fantasías 'raras y radiantes' que surgían de su maravilloso y siempre despierto cerebro.

Recuerdo una mañana, hacia el final de su residencia en esta ciudad, cuando parecía inusualmente alegre. Virginia, su dulce esposa, me había enviado una apremiante invitación para que los visitara, y yo, que nunca podía resistirme a ella y que disfrutaba más de su compañía en casa que en cualquier otro sitio, me apresuré a ir a Amity Street. Lo encontré justo terminando su serie de artículos titulada 'Los literatos de Nueva York'.

—Voy a mostrarte —dijo riendo, mientras desenrollaba varios rollos de papel estrecho (siempre escribía así para la prensa)—, por la diferencia de longitud en estos, los distintos grados de estima en que tengo a todos ustedes, literatos. ¡En cada uno de estos rollos hay uno de ustedes discutido!

—¡Ven, Virginia, ayúdame!

Y uno por uno, fueron desenrollándolos. Al llegar a uno que parecía interminable, Virginia, riendo, corrió a un rincón con un extremo, y su marido al otro.

—¿Y este? —pregunté—. ¿A quién corresponde esta dulzura alargada?

—¡Escúchala! —exclamó Poe—. ¡No le dije que era ella misma!"

"Durante ese año, mientras viajaba por motivos de salud, mantuve correspondencia con el señor Poe, a petición ferviente de su esposa, que imaginaba que mi influencia tenía un efecto benéfico y moderador sobre él. El encantador amor y la confianza que existían entre ellos me eran siempre evidentes, pese a los pequeños episodios románticos en que, por su temperamento apasionado, él solía involucrarse. De esto no puedo hablar con gravedad excesiva. Creo que fue la única mujer a la que amó de verdad."

En los cuentos de Poe no se menciona el amor, al menos no en el sentido tradicional. Ligeia, Eleonora no son, propiamente hablando, historias de amor: la idea central de la que dependen es muy distinta. Tal vez Poe creía que la prosa no era un lenguaje suficientemente elevado para ese sentimiento extraño y casi intraducible. En cambio, sus poemas están fuertemente saturados de él.

Allí aparece la pasión divina, sublime, pero siempre velada por una bruma de melancolía inmutable. En sus artículos, habla a veces del amor como de algo que haría temblar su pluma. En El dominio de Arnheim afirma que las cuatro condiciones elementales de la felicidad son: la vida al aire libre, el amor de una mujer, el olvido de toda ambición y la creación de un nuevo ideal de belleza.

Corrobora esta visión el hecho de que, a pesar de su genio para lo grotesco y lo terrible, no existe en toda su obra un solo pasaje dedicado a la lujuria, ni siquiera al goce sensual. Sus retratos de mujeres son coronados de aureolas; nos aturden en una niebla sobrenatural y se expresan con la devoción de un adorador.

En cuanto a sus pequeños episodios románticos, ¿puede sorprendernos que un ser tan nervioso —para quien el anhelo de belleza fue siempre su rasgo esencial— haya cultivado con ardor apasionado la galantería, esa flor volcánica y almizclada que sólo encuentra su suelo perfecto en el cerebro febril de un poeta ha sido siempre el suelo elegido?

De su singular belleza personal, de la que hablan tantos biógrafos, la mente puede, creo, formarse una idea aproximada al convocar en sí todas las nociones vagas —vagas pero características— contenidas en la palabra romántico, que generalmente sirve para representar los matices de belleza que consisten sobre todo en la expresión.

Poe tenía una frente grandiosa, donde ciertos bultos "traicionaban" el desbordamiento de las facultades que se supone representan —como la construcción, la comparación, la causalidad—, y donde el sentido de la idealidad, por excelencia el sentido estético, se enseñoreaba con altiva calma. Sin embargo, a pesar de estos dones —tal vez incluso debido a sus exorbitantes privilegios— su perfil no era precisamente agradable. Como siempre que un sentido es excesivo, un déficit resulta de la abundancia: una pobreza nacida de la usurpación.

Tenía unos ojos grandes, a la vez sombríos y llenos de luz, de una mirada indecisa y color oscuro que se acercaba al violeta; su nariz era noble y sólidamente tallada; su boca, fina y triste, aunque ligeramente sonriente; su piel de un tono claro marrón; su rostro, generalmente pálido; su fisonomía, algo distraída e imperceptiblemente teñida de melancolía.

Su conversación era muy notable, esencialmente llena de interés. No era lo que llamamos un "buen conversador" —una cosa, en verdad, horrible—; además, su discurso, como su pluma, detestaba las convenciones. Pero su vasto conocimiento, el dominio de muchas lenguas, sus estudios profundos y las impresiones cosechadas en numerosos países hacían de su palabra un poderoso instrumento.

Su elocuencia, esencialmente poética, estaba llena de método —aunque muy por encima de cualquier método común—, con un arsenal de imágenes tomadas de mundos poco frecuentados por las mentes ordinarias. Poseía un prodigioso arte para deducir ideas nuevas a partir de proposiciones evidentes y aceptadas, abriendo perspectivas asombrosas. En una palabra: el arte de embelesar, de hacer pensar y soñar a sus oyentes, de liberarlos de la rutina mental. Tales eran los poderes deslumbrantes de los que muchos conservan memoria.

Sin embargo, a veces —según se dice—, el poeta, entregado a un capricho, devolvía bruscamente a sus amigos a la tierra con algún cinismo doloroso, derribando brutalmente su fantasía espiritual. Es de notar, además, que mostraba poca exigencia en la elección de sus oyentes. Y creo que el lector recordará sin dificultad muchas otras inteligencias grandes y originales para las que toda compañía parecía ser buena: ciertas mentes solitarias en medio de la multitud, que, dispersando sus pensamientos en forma de monólogo, no mostraban delicadeza alguna respecto a su público. Es, de hecho, una especie de hermandad fundada en el desprecio.

De su embriaguez —celebrada y lanzada contra él con una persistencia que haría creer que todos los autores de los Estados Unidos, salvo los enemigos de Poe, eran ángeles de sobriedad—, todavía es necesario hablar. Varias versiones son plausibles; ninguna excluye a las otras. Ante todo, debo señalar que tanto Willis como la señora Osgood afirman que una mínima cantidad de vino o aguardiente bastaba para perturbar por completo su organismo.

Es fácil también suponer que un hombre tan verdaderamente solitario, tan profundamente desdichado, que a menudo declaraba que nuestro sistema social era una paradoja y una impostura, un hombre que, atormentado por un destino despiadado, repetía con frecuencia que la sociedad no era más que una chusma de miserables desgraciados —un dicho relatado por Griswold, tan escandalizado como puede estarlo alguien que piensa lo mismo pero no se atreve a decirlo—, es natural, repito, suponer que este poeta, arrojado como un niño a los peligros de la vida libre, con un cerebro que giraba bajo un esfuerzo amargo y continuo, buscara de vez en cuando el deleite del olvido en la jarra.

Rencores literarios, vértigos nacidos de las maravillas del infinito, problemas de pobreza familiar, insultos a su miseria... todo era olvidado en las profundidades de la embriaguez como en una tumba anticipada. Pero, por muy verosímil que parezca esta explicación, no deja de desconfiarse de ella por su deplorable simplicidad.

Me han dicho que bebía no como un goloso, sino como un salvaje, con esa rapidez y economía de tiempo típicamente americana, como si cumpliera una función homicida, como si llevase dentro algo que debía matar: un gusano que no moría. Cuentan también que un día, a punto de casarse por segunda vez —las amonestaciones ya habían sido publicadas y se le felicitaba por la inminente unión, que prometía felicidad segura— , dijo: "Es posible que hayas oído las amonestaciones... pero fíjate en esto: ¡nunca me casaré!". Luego, se embriagó sin remedio y escandalizó a la comunidad de su futura esposa, recurriendo a su vicio como escape de un perjurio hacia su difunta esposa, cuya imagen lo obsesionaba y a la que había cantado tan admirablemente en Annabel Lee.

Considero, por tanto, que en un gran número de casos, el hecho —infinitamente importante— de la premeditación está probado y establecido.

Por otro lado, leí en un largo artículo del Southern Literary Messenger —la misma revista cuya fortuna él había fundado— que la pureza y el acabado de su estilo, la firmeza y severidad de su pensamiento, el ardor de su trabajo, nunca fueron alterados en lo más mínimo por ese terrible hábito. Que la mayoría de sus excelentes piezas fueron producidas antes o después de sus crisis de borrachera. Que, tras la publicación de Eureka, volvió a sacrificar deplorablemente a su anhelo. Y que en Nueva York, la misma mañana en que apareció El cuervo y su nombre estaba en todos los labios, fue visto cruzando Broadway, tropezando escandalosamente.

Debes notar que las palabras "antes o después" implican que la embriaguez podía servir tanto de estimulante como de calmante.

Ahora bien, es incontestable que, del mismo modo en que ciertas impresiones fugitivas —sorprendentes en su repetición— siguen a un estímulo externo como el sonido de un reloj, una nota musical o un perfume olvidado, y anuncian un suceso semejante al ya vivido, así también existen en la embriaguez no solo los enredos del sueño, sino toda una serie de razonamientos que exigen reproducirse por el medio que les dio origen.

Si el lector me ha seguido sin repugnancia, ya habrá adivinado mi conclusión: creo que, en muchos casos —no en todos, ciertamente—, la embriaguez de Poe era un recurso mnemotécnico, un método de trabajo, enérgico y fatal, pero adecuado a su naturaleza apasionada. El poeta había aprendido a beber como un autor laborioso se ejercita en llenar cuadernos de notas. No pudo resistir el deseo de reencontrar aquellas visiones, maravillosas o terribles, aquellas concepciones sutiles que ya había encontrado durante una tempestad anterior.

Eran viejos conocidos que lo atraían imperativamente; y para renovarlos, eligió el camino más peligroso, pero también el más directo.

Las obras que hoy nos regalan tantos placeres fueron, en realidad, la causa de su muerte.

IV.

De las obras de este singular genio tengo muy poco que decir; el público pronto demostrará lo que piensa de ellas. Sería difícil —pero no imposible— desentrañar su método, explicar su proceso, especialmente en aquella parte de su producción cuyo efecto radica principalmente en un análisis hábilmente manejado.

Podría introducir al lector en el misterio de su invención, prestando especial atención a esa porción del genio americano que le hacía regocijarse ante una dificultad vencida, un enigma resuelto, un esfuerzo de fuerza. Este impulso lo llevaba a deleitarse con un goce infantil y casi perverso en el mundo de las probabilidades y conjeturas, creando ficciones a las que su sutil lógica daba todas las apariencias de realidad.

Nadie puede negarlo: Poe era un maravilloso malabarista. Sin embargo, él mismo valoraba especialmente otra parte de su obra. Tengo, sobre ello, unas cuantas observaciones breves pero importantes.

No fue por sus milagros materiales —por más que lo hayan hecho célebre— que se ganó la admiración de los pensadores, sino por su amor a lo bello, por su conocimiento de las condiciones armónicas de la belleza, por su poesía profunda y quejumbrosa, trabajada con esmero, pero tan correcta y transparente como una joya de cristal.

Su admirable estilo —puro y extraño, compacto como las coyunturas de una cota de malla, ágil, minucioso— empuja al lector sin esfuerzo hacia lo inevitable. Y, sobre todo, por ese genio tan especial, ese temperamento único que le permitía pintar y explicar, de forma impecable, fascinante, terrible, la excepción en el orden moral.

Diderot, por poner un ejemplo entre cien, es un autor de sangre; Poe, en cambio, es un escritor de los nervios, incluso de algo más profundo... y lo mejor que conozco.

En él, cada entrada en un tema es atractiva, sin violencia, como un torbellino. Su solemnidad sorprende a la mente y la mantiene alerta. Se percibe de inmediato que algo grave está en juego. Y poco a poco se despliega una historia cuyo interés descansa en alguna desviación imperceptible del intelecto, en una hipótesis audaz, en una dosis imprudente de naturaleza en la amalgama de las facultades. El lector, como bajo un hechizo, se ve constreñido a seguirlo a través de su red de deducciones.

Ningún hombre, repito, ha narrado con mayor magia las excepciones de la vida humana y de la naturaleza: los ardores de la curiosidad de la convalecencia; el cierre de estaciones cargadas de esplendores enervantes; climas bochornosos, húmedos y brumosos, donde el viento del sur suaviza y distiende los nervios como los acordes de un instrumento; donde los ojos se llenan de lágrimas que no provienen del corazón.

Describe la alucinación que se transforma en duda, luego en convicción, plena de razones como un libro; el absurdo que se instala en la mente y la gobierna con lógica aplastante; la histeria usurpando el lugar de la voluntad; la contradicción establecida entre los nervios y la razón; y el semblante que expresa el dolor a través de la risa. Poe analiza estas zonas donde los estados del alma son más fugitivos. Equilibra lo imponderable y describe, con precisión minuciosa y científica, ese mundo imaginario que flota en torno al hombre nervioso y lo conduce al mal.

El mismo ardor con que se lanzó a lo grotesco —por amor a lo grotesco— y a lo horrible —por amor a lo horrible— prueba la sinceridad de su obra y la concordancia entre el poeta y el hombre. Ya he observado que, en muchos hombres, este ardor suele nacer de una energía vital desocupada, de una castidad autoimpuesta, o de una sensibilidad profunda y retraída.

El deleite sobrenatural que un hombre puede experimentar al ver fluir su propia sangre... Los movimientos bruscos, violentos, inútiles, los gritos lanzados al aire sin voluntad consciente... son fenómenos del mismo orden.

En el corazón de esta literatura enrarecida, el lector puede sentir esa vaga angustia, ese miedo que incita a las lágrimas, esa dolencia del alma que habita en lugares vastos y extraños. Pero la admiración es más fuerte. Y, además, ¡el arte es tan grande!

Todos los accesorios están ahí, completamente apropiados para los caracteres: la soledad silenciosa de la naturaleza, la agitación bulliciosa de la ciudad, todo está descrito con nervio, con fantasía. Como nuestro

Eugène Delacroix, que elevó la pintura a la altura de la gran poesía, Poe mueve a sus personajes sobre un fondo de verde o violeta, donde se revelan la fosforescencia de la putrefacción y el olor del huracán.

La naturaleza inanimada, así estilizada, participa de la naturaleza de los seres vivos; y, como ellos, tiembla con un escalofrío sobrenatural y galvánico. El espacio es insondable como por el opio; pues el opio confiere un tinte mágico a todos los matices y hace vibrar cada ruido con una magnificencia sonora. A veces, visiones gloriosas, llenas de luz y color, se despliegan de repente en su paisaje, y en la lejanía, sobre la línea del horizonte, vemos ciudades y palacios orientales, envueltos en brumas, bañados por lluvias de oro.

Los personajes de Poe —o más bien su único personaje— es el hombre de facultades agudizadas, de nervios distendidos, cuya voluntad ardiente y paciente desafía las dificultades; aquel cuya mirada, rígida como una espada, se fija sobre los objetos que aumentan cuanto más se los contempla. Ese hombre es el mismo Poe.

Y sus mujeres, todas luminosas y enfermizas, mueren de males desconocidos, hablan con voces semejantes a la música... Son también él. O al menos, por sus extrañas aspiraciones, por su sabiduría, por su incurable melancolía, participan intensamente de la naturaleza de su creador.

En cuanto a su mujer ideal, su titánide, se revela bajo distintos nombres, dispersos en sus —¡ay!— escasos poemas. Son retratos, o más bien modos de sentir la belleza, que el temperamento del autor funde y confunde en una unidad vaga pero sensible. En ellos, quizá más delicadamente que en ningún otro lugar, resplandece esa insaciable pasión por lo bello que constituye su esencia más elevada: la raíz de todas sus pretensiones al afecto y al respeto de los poetas.

EL PINTOR DE LA VIDA MODERNA

I. BELLEZA, MODA Y FELICIDAD

Hay gente en este mundo, incluso en el mundo de los artistas, que va al Louvre, pasa velocemente ante una multitud de cuadros llenos de interés, aunque de orden inferior, sin mirarlos, y se planta en ensoñación ante un Tiziano o un Rafael, de esos popularizados por el arte del grabador; luego se va, satisfecho, más de uno diciendo: «Conozco mi Louvre», como hay otros que, una vez que han leído a Bossuet y a Racine, creen comprender la historia de la literatura.

Felizmente, los correctores de errores, los críticos, los aficionados, los curiosos, aparecen de vez en cuando para afirmar que Rafael no lo es todo, que Racine no lo es todo, que los poetas menores contienen cosas buenas, sólidas, placenteras; y, finalmente, que por mucho que admiremos la belleza en general, tal como la expresaron los poetas y artistas clásicos, no estamos menos equivocados al descuidar la belleza específica, la belleza de las circunstancias y el juego de costumbres.

Tengo que decir que, desde hace algunos años, el mundo se ha mostrado algo mejorado en este sentido. El valor que los coleccionistas aficionados atribuyen hoy en día a los agradables grabados coloreados del siglo pasado demuestra que se ha producido una reacción muy necesaria en el gusto del público; Debucourt, los hermanos Saint-Aubin y muchos otros han sido inscritos en el diccionario de artistas dignos de estudio. Sin embargo, representan el pasado; es a la pintura de las costumbres modernas a la que quiero dirigirme hoy. El pasado es interesante no solo por la belleza extraída de él por aquellos artistas para los que era su presente, sino también, al ser pasado, por su valor histórico. Lo mismo ocurre con el presente. El placer que obtenemos de la representación del presente se debe no solo a la belleza con la que se le puede investir, sino también a su cualidad esencial de estar presente.

Tengo ante mis ojos una serie de platos de moda, comenzando con la Revolución y terminando, más o menos, con el Consulado. Esos modos de vestir que parecen ridículos a las personas irreflexivas, a las personas serias sin verdadera seriedad, tienen un doble encanto, tanto artístico como histórico. A menudo son muy finos y ejecutados con espíritu, pero lo que para mí es igual de importante, y lo que me complace encontrar en todos o casi todos ellos, es la moralidad y la estética de su época. La idea de belleza que la humanidad crea para sí misma se imprime en todos sus atuendos, arruga o endurece sus vestidos, redondea o alinea sus gestos, e incluso, al final, penetra, sutilmente, en sus rasgos faciales. La humanidad termina por parecerse a lo que aspira a ser. Esas formas grabadas pueden ser vistas como obras de belleza o fealdad; de fealdad como caricaturas, de belleza como estatuas antiguas.

Las mujeres vestidas con esos trajes se parecían a uno u otro, en mayor o menor grado, según el grado de poesía o vulgaridad con que se las marcaba. La carne viva hace fluir lo que a nosotros nos parece demasiado rígido. La imaginación del espectador puede aún hoy impartir un revuelo o un crujido a esta túnica y a ese chal. Un día, tal vez, se represente una obra de teatro en la que veamos la resurrección de esos trajes, vestidos con los que nuestros antepasados se encontraron tan encantadores como nosotros mismos con nuestras pobres vestiduras (que poseen su propia gracia, en verdad, pero más bien de naturaleza moral y espiritual), y si luego son usadas y traídas a la vida por actores y actrices inteligentes, nos asombraremos de que se burlara de ellos tan tontamente. El pasado, sin perder un agradable aire de fantasía, recuperará la luz y el movimiento de la vida, y se convertirá en el presente.

Si una persona imparcial hojeara sucesivamente todos los modos de moda desde la primera época de Francia hasta nuestros días, no encontraría nada que escandalizara o sorprendiera. Las transiciones serían tan abundantemente evidentes como lo son en las filas del reino animal. Ni una sola brecha, por lo tanto, ni una sola sorpresa. Y si a la viñeta que representa cada época se añadiera el pensamiento filosófico del que más se ocupaba y por el que más se agitaba, cuyo recuerdo invoca inevitablemente el pensamiento, se vería que en todos los elementos de su historia reina una profunda armonía, y que aun en esos siglos que nos parecen los más monstruosos y dementes, el apetito eterno por la belleza siempre ha encontrado su satisfacción.

Esto nos brinda una buena oportunidad, de hecho, para establecer una teoría racional e históricamente fundamentada de la belleza, en oposición a la teoría de una belleza única y absoluta; demostrar que la belleza es siempre, inevitablemente, de una composición dual, aunque la impresión que produce esté unificada; porque la dificultad de discernir los diversos elementos de la belleza dentro de la unidad de impresión no obvia en modo alguno la necesidad de la variedad en su composición. La belleza está formada por un elemento eterno e invariable, que es extremadamente difícil de cuantificar, y un elemento relativo y circunstancial que encarnará, si se quiere, aspecto por aspecto o de una sola vez, la época, sus costumbres, su moralidad, su pasión. Sin este segundo elemento, que es como la guinda deliciosa, seductora y apetitosa del pastel divino, el primer elemento sería indigerible, más allá de nuestra apreciación, ni adaptado ni adecuado a la naturaleza humana. Desafío a cualquiera a revelar un solo ejemplo de belleza que no contenga estos dos elementos.

Escogeré, si lo desean, dos casos extremos de nuestra historia. En el arte hierático la dualidad es visible a primera vista; el elemento de la belleza eterna solo se revela con el permiso y bajo la regla de la religión a la que se adhiere el artista. En la obra más frívola de un artista refinado, perteneciente a una de esas épocas que denotamos, en nuestra inmensa vanidad, como civilizadas, la dualidad se revela igualmente; el elemento eterno de la belleza estará, al mismo tiempo, oculto y expresado, si no por la moda de la época, al menos por el temperamento particular del artista. La dualidad del arte es una consecuencia fatal de la dualidad de la humanidad. Considerad, si queréis, que el elemento eterno existe como el alma del arte, y el elemento variable como su cuerpo. Por eso Stendhal, un espíritu impertinente, burlón, incluso repugnante, pero cuyas impertinencias son un acicate útil para la reflexión, se acercó a la verdad más de cerca que muchos otros al decir: «La belleza no es más que la promesa de la felicidad». Sin duda, esa definición se pasa de la raya. Hace que la belleza esté excesivamente sujeta al ideal infinitamente variable de la felicidad. Despoja a la belleza con demasiada facilidad de su cualidad aristocrática; pero posee el gran mérito de separarse decisivamente de los errores de los académicos.

He explicado estas cosas más de una vez antes; estas líneas habrán dicho lo suficiente sobre el tema para aquellos que disfrutan de estas diversiones del pensamiento abstracto. Pero sé que mi público francés tiene, en su mayor parte, poco gusto por ellos, y yo mismo estoy impaciente por embarcarme en los elementos positivos y sustanciales de mi tema.

II. LA REPRESENTACIÓN DE LOS MODALES

Para la representación de las costumbres, la representación de la vida burguesa y el espectáculo de la moda, los medios más expeditivos y menos costosos son evidentemente los mejores. Cuanta más belleza infunda en ella el artista, más preciosa será su obra; pero hay en las trivialidades de la vida, en la metamorfosis cotidiana de las cosas externas, un movimiento rápido que exige del artista una velocidad de ejecución igual. Los grabados multicolores del siglo XVIII han vuelto a atraer la atención de la moda, como decía ahora; pasteles, aguafuertes, aguatintas han aportado, uno a uno, sus contingentes a ese inmenso diccionario de la vida moderna distribuido por las bibliotecas, entre las carteras de los coleccionistas y detrás de los escaparates de las tiendas más mezquinas. Y entonces apareció la litografía, que se mostró al instante como la más adecuada para esta enorme tarea, tan trivial a primera vista. Tenemos algunos verdaderos monumentos en este género. Las obras de Gavarni y Daumier han sido nombradas con razón como complementarias de la Comédie Humaine. Estoy más que convencido de que el propio Balzac no estaba lejos de adoptar esta idea, tanto más válida cuanto que el genio del pintor de costumbres es de naturaleza mixta, es decir, en el que entra un fuerte elemento del espíritu literario. Observador, flâneur (paseante), filósofo; llámese como quiera a éste, sin duda se verá inducido, al caracterizar a este artista, a emplear un epíteto que no aplicaría al pintor de temas eternos, o al menos más duraderos, los de naturaleza heroica o religiosa. A veces es poeta, más a menudo está más cerca de ser novelista o moralista; es el pintor de lo circunstancial y de todo lo que sugiere de lo eterno. Todos los países, para su deleite y gloria, han poseído tales artistas. A Daumier y Gavarni, en nuestra época actual, siendo los primeros nombres que vienen a la mente, se pueden añadir Devéria, Maurin y Numa, historiadores de los encantos más discutibles de la Restauración, Wattier, Tassaert y Eugène Lami, este último casi inglés en su amor a la elegancia aristocrática, e incluso Trimolet y Traviès, esos cronistas de la pobreza y de la vida humilde.

III. EL ARTISTA: UN HABITANTE DEL MUNDO, UN HABITANTE DE LA MULTITUD, PERO UN NIÑO

Hoy quisiera hablar al público de un hombre singular, de una originalidad tan decidida y poderosa que se basta a sí misma y no requiere aprobación. Ninguno de sus dibujos está firmado, si por firma se entiende las pocas letras, fácilmente imitadas, que deletrean un nombre, y que tantos otros artistas añaden, ostentosamente, a la base de sus bocetos más triviales. Pero todas sus obras están firmadas con su espíritu brillante, y los coleccionistas, después de haberlas visto y apreciado, las reconocen fácilmente por la descripción que voy a dar. Gran amante de las multitudes y de los incógnitos, monsieur C. G. (Constantin Guys) lleva la originalidad hasta el extremo de la modestia. Mr. Thackeray, que, como es sabido, está profundamente interesado en las obras de arte y que él mismo diseña las ilustraciones de sus novelas, mencionó a monsieur G. un día en un periódico londinense menos conocido. Esto lo enfureció, como si fuera un ataque a su virtud. Más recientemente, cuando se enteró de que yo tenía la intención de escribir un aprecio por su espíritu y talento, me rogó, de la manera más imperiosa, que suprimiera su nombre y que hablara de sus obras como si vinieran de una mano anónima. Me inclinaré humildemente ante esta extraña petición. Fingiremos creer, el lector y yo, que monsieur G. no existe, y nos ocuparemos de sus dibujos y acuarelas, por los que profesa un desdén patricio, como lo hacen los eruditos que juzgan documentos históricos raros, conservados por casualidad, cuyos autores permanecen eternamente desconocidos. Incluso supondremos, para satisfacer completamente mi conciencia, que todo lo que tengo que decir acerca de su naturaleza, tan extraña y misteriosamente brillante, está más o menos genuinamente sugerido por las obras en cuestión; pura hipótesis poética, conjeturas, obra de mi imaginación.

Monsieur G. es viejo. Se dice que Rousseau comenzó a escribir a los cuarenta y dos años de edad. Fue tal vez a esa edad cuando monsieur G., obsesionado con todas las imágenes que se agolpaban en su cerebro, tuvo la audacia de arrojar tinta y color sobre una hoja de papel en blanco. A decir verdad, dibujaba como un bárbaro, como un niño impaciente por la torpeza de sus dedos y la desobediencia de su instrumento. He visto un gran número de estos primitivos y bárbaros garabatos, y declaro que la mayoría de los que entienden, o pretenden entender el arte, son irreprochables por no haber adivinado el genio latente que habita en esos sombríos preliminares. Hoy, el señor G., que ha descubierto, por sus propios esfuerzos, todos los pequeños trucos de su oficio, y que ha emprendido, sin guía, su propia educación, se ha convertido en un poderoso maestro, a su manera, y ha conservado de su propia ingenuidad inicial solo lo que se necesitaba para añadir un condimento inesperado a sus ricos dones. Cuando se encuentra con uno de estos intentos juveniles suyos, lo hace pedazos o lo quema, con una muestra de vergüenza muy asumida.

Durante diez años quise conocer a monsieur G., que es, por naturaleza, un gran viajero y cosmopolita. Sabía que había sido empleado durante mucho tiempo por una revista ilustrada inglesa, y que había publicado en ella grabados de sus bocetos de viaje (hechos en España, Turquía, Crimea). Desde entonces he visto una cantidad considerable de tales dibujos, improvisados en esos mismos lugares, y así he podido leer un relato minuciosamente detallado de la campaña de Crimea, preferible a cualquier otro. La misma revista también publicó numerosas composiciones de la misma mano, siempre sin firmar, que representaban nuevos ballets y óperas. Cuando, por fin, lo conocí, comprendí de inmediato que no se trataba exactamente de un artista, sino de un habitante del mundo. Entiendan aquí, les ruego, el término artista en un sentido muy restringido, y el término habitante del mundo en un sentido muy amplio. Habitante del mundo, es decir, habitante del mundo entero, que comprende el mundo y las razones misteriosas y legítimas de sus múltiples comportamientos; artista, es decir, especialista, un hombre apegado a su paleta como un siervo a la tierra. A monsieur G. no le gusta que le llamen artista. ¿No tiene razón, en cierto sentido? Está interesado en el mundo entero; desea saber, comprender, apreciar todo lo que ocurre en la superficie de nuestro globo. El artista vive poco de su vida en el mundo de la política y la moral. Quien vive en el barrio de Breda ignora lo que sucede en el Faubourg Saint-Germain. Salvo dos o tres excepciones, que no vale el sentido de nombrar, la mayoría de los artistas son, hay que decirlo, brutos altamente calificados, simples artesanos, intelectos de aldea con cerebros de campesinos. Su conversación, necesariamente limitada a un círculo muy pequeño, se muestra rápidamente insoportable para el habitante del mundo; en espíritu, un ciudadano del universo.

Así, para comprender a monsieur G., adviértase de inmediato esto: que la curiosidad puede considerarse el punto de partida de su genio.

¿Recuerdas un cuadro (¡es un cuadro, en verdad!), dibujado por la pluma más poderosa de esta época (la de Edgar Allan Poe), que lleva por título El hombre de la multitud? Detrás de la ventana de un café, un convaleciente, contemplando a la multitud con placer, se mezcla, en sus pensamientos, con todos los pensamientos que se agitan a su alrededor. Recién regresado de la sombra de la muerte, respira, con deleite, todas las esencias y olores de la vida; desde que ha estado al borde del olvido total, recuerda y desea, ardientemente, recordarlo todo. Finalmente, se lanza a la multitud, en busca de un desconocido, cuya fisonomía, vislumbrada en un abrir y cerrar de ojos, lo ha hechizado. ¡La curiosidad se ha convertido en una pasión fatal e irresistible!

Imagínense a un artista que siempre estuvo, espiritualmente, en ese estado de convalecencia, y tendrán la clave del carácter de monsieur G.

Ahora, la convalecencia es como un regreso a la infancia. El convaleciente, como el niño, goza, en el más alto grado, de la capacidad de interesarse vivamente en las cosas, incluso en las que parecen más triviales. Volvamos, si es posible, por medio de un esfuerzo retrospectivo de la imaginación, a nuestras impresiones más tempranas y juveniles, y recordaremos que tenían una relación singular con esas impresiones, tan vívidamente coloreadas, que recibimos más tarde después de una enfermedad física, siempre que la enfermedad dejara nuestras facultades mentales puras e intactas. El niño ve todo como novedad; está intoxicado para siempre. Nada se parece más a lo que llamamos inspiración que la alegría con la que un niño absorbe la forma y el color. Me atrevo a ir más allá: afirmo que la inspiración es algo parecido a la convulsión, y que todo pensamiento sublime va acompañado de una conmoción nerviosa, de naturaleza más o menos violenta, que golpea la parte más profunda del cerebro. El hombre de genio tiene nervios fuertes; los del niño son débiles. En el primero, la razón ocupa un lugar significativo; en este último, la sensibilidad ocupa casi todo el ser. Pero el genio no es más que una infancia recuperada a voluntad, una infancia ya dotada de aptitudes maduras y de un espíritu analítico que le permiten poner en orden la masa de materia prima que ha acumulado involuntariamente. A esta curiosidad profunda y gozosa hay que atribuir la mirada fija y animalmente extática de los niños ante lo nuevo, sea lo que sea: un rostro o un paisaje, la luz, el dorado, el color, los materiales lustrosos o el encanto de la belleza realzada por los cosméticos. Uno de mis amigos me contó que, cuando era pequeño, a menudo estaba presente cuando su padre se vestía, y que, con una mezcla de asombro y deleite, contemplaba los brazos musculosos, las transiciones de color en los tintes rosados y amarillos de la piel y la red azulada de las venas. El cuadro de la vida externa ya lo había llenado de asombro y se había apoderado de su cerebro. Ya, la forma lo obsesionó y lo poseyó. El destino ya había revelado, precozmente, la punta de su nariz. Su condenación era segura. ¿Es necesario añadir que el niño es hoy un célebre pintor?

Le rogué hace un momento que considerara a monsieur G. como un eterno convaleciente; para completar tu concepto de él, considéralo también como un hombre-niño, un hombre poseído a cada instante con el genio de la infancia, es decir, un genio para quien ningún aspecto de la vida se ha vuelto aburrido.

Ya he dicho que me resistía a llamarlo simplemente artista, y que él mismo rechazó ese título, con una modestia tocada por la reserva aristocrática. De buena gana lo llamaría dandy, y admito varias buenas razones para ello; ya que la palabra dandy implica una quintaesencia del carácter y una comprensión sutil de todo el mecanismo moral de este mundo; pero, por otra parte, el dandy aspira a la insensibilidad, y es en esto en lo que monsieur G. se dominó a sí mismo por una pasión insaciable, la de ver y sentir, que se separa, con fuerza, del dandismo.

"Amabam amare: amo amar", decía san Agustín. «Amo la pasión, apasionadamente», podría decir monsieur G. El dandy es indiferente, o pretende serlo, por razones de política y casta. Monsieur G. tiene horror a la gente indiferente. Es un maestro en el arte más difícil (los espíritus refinados me comprenderán): el de ser sincero sin parecer ridículo. Le concedería gustosamente el título de filósofo, al que tiene más de un derecho, si su excesivo amor por las cosas visibles, tangibles, condensadas en su estado plástico, no le inspirara cierta repugnancia a todo lo que forma el reino impalpable del metafísico. Contentémonos con considerarlo, pues, como un moralista puramente pictórico, semejante a La Bruyère.

IV. LA MODERNIDAD

La muchedumbre es su dominio, como el aire lo es para los pájaros y el agua para los peces. Su pasión, y su profesión, es abrazar a la multitud. Para el flâneur perfecto, para el observador apasionado, es una inmensa alegría habitar entre la multitud, en medio de la ondulación, el movimiento, lo fugitivo, lo infinito. Estar ausente de casa y, sin embargo, sentirse en todas partes como en casa; ver el mundo, estar en el corazón del mundo y, no obstante, permanecer oculto al mundo, son algunos de los placeres menores de esos espíritus independientes, apasionados e imparciales que el lenguaje solo puede definir de manera inadecuada. El espectador es un príncipe que se regocija en todas partes de incógnito. El amante de la vida hace del mundo su familia, como el amante del bello sexo que convierte en familia a todas las bellezas encontradas, o por encontrar; o, como el amante de los cuadros, vive en la compañía encantada de los sueños pintados en el lienzo. Así, el amante de la vida universal entra en la multitud como en una inmensa reserva de energía eléctrica. Se le podría comparar también con un espejo, inmenso como aquella multitud; o con un caleidoscopio dotado de conciencia, que con cada uno de sus movimientos refleja la multiplicidad de la vida y la gracia en movimiento de cada uno de sus elementos. Es un yo insaciable en su apetito por el no-yo, que en cada instante lo traduce y lo expresa en imágenes más vibrantes que la vida misma, siempre inestable y fugitiva.

«Cualquier hombre —dijo un día monsieur G., en medio de una de esas conversaciones que ilumina con una mirada intensa y un gesto sugestivo—, cualquier hombre que no esté aplastado por una de esas penas tan grandes que le arrebatan todas sus facultades, que pueda aburrirse en el corazón de una multitud, es un idiota. ¡Un idiota! ¡Y lo desprecio!»

Cuando monsieur G., al despertar, abre los ojos y ve que el sol hace su asalto golpeando el cristal de su ventana, exclama con remordimiento y pesar: «¡Qué mandato tan imperioso! ¡Qué fanfarria de luz! ¡Varias horas de luz, por todas partes, ya se han ido! ¡Luz, perdida en mi sueño! ¡Cuántas cosas brillantemente iluminadas podría haber visto y no vi!» ¡Y sale! Y observa el río de la vida en su fluir, tan majestuoso, tan brillante. Admira la belleza eterna y la asombrosa armonía de la vida en las capitales, una armonía tan providencialmente mantenida en medio del tumulto de la libertad humana. Contempla los paisajes de la gran metrópoli, paisajes de piedra acariciados por la niebla o golpeados por ráfagas de sol. Se deleita en los hermosos carruajes, los caballos orgullosos, la deslumbrante elegancia de los mozos de cuadra, la destreza de los lacayos, el movimiento fluido de las mujeres, los niños hermosos, felices de estar vivos y bien vestidos; en una palabra, en la vida universal.

Si una moda, el corte de una prenda, ha sido ligeramente alterado; si una cinta en los lazos, si los rizos han sido desplazados por escarapelas; si el bavolet (el cuello que cuelga en la parte posterior de un bonete) se ha agrandado; si el moño (un mechón de cabello en la nuca) está una fracción más bajo; si se ha elevado la cintura o se ha llenado la falda, él cree que su ojo de águila ya lo habrá adivinado desde muy lejos. Pasa un regimiento, camino tal vez a los confines del mundo, lanzando por los bulevares sus fanfarrias, tan ligeras y vivas como la esperanza; y he aquí que el ojo de monsieur G. ya ha inspeccionado las armas, el porte, la fisonomía de esa tropa. Arneses relucientes, miradas decididas, bigotes solemnes y pesados: todo esto penetra en él, en desorden, y en pocos instantes el poema resultante está virtualmente compuesto. ¡Miren cómo su alma vibra con el alma de ese regimiento que marcha como una sola criatura, imagen orgullosa del gozo en la obediencia!

Pero ya ha caído la noche. Es esa hora extraña e incierta en que se corren las cortinas del cielo y se encienden las ciudades. La luz de gas tiñe el púrpura del atardecer. Honestos o deshonestos, racionales o locos, todos se dicen: «¡Por fin, el día ha terminado!» Los malvados y los sabios piensan en el placer, y cada cual se apresura a su lugar elegido para beber la copa del olvido. Monsieur G. será el último en quedarse, allí donde haya un destello de luz, un eco de poesía, un temblor de vida, una vibración de música; allí donde una pasión se le presente a los ojos, donde lo natural y lo convencional se revelen en una belleza peculiar, donde el sol ilumine las breves alegrías de la criatura depravada. «¡He aquí un día bien empleado!», se dice cierto lector a quien todos conocemos. «Cada uno de nosotros tiene suficiente genio para llenar su día de la misma manera». ¡No! Pocos están dotados con la capacidad de ver; menos aún poseen el poder de expresión. Ahora, en un momento en que otros duermen, él se inclina sobre su mesa, dirigiendo la misma mirada a una hoja de papel que momentos antes dirigía al mundo externo, esbozando con su crayón, su pluma, su pincel; salpica su vaso de agua hacia el techo, limpia su pluma en la camisa, urgente, violento, activo, como si temiera que las imágenes se le escaparan. Contencioso aunque solo, se empuja a sí mismo. Y esas cosas externas renacen sobre el papel, vivas y más que realistas, bellas y más que bellas, singulares y dotadas de la vivacidad del alma de su creador. La fantasmagoría ha sido extraída de la naturaleza. Todo el material con el que se ha cargado la memoria está clasificado, ordenado, armonizado y sometido a esa idealización impuesta que es el resultado de una percepción infantil, es decir, de una percepción intensa y mágica nacida de la inocencia.

Y así se lanza, con prisa, en busca. ¿Qué busca? Seguramente, este hombre, tal como lo he descrito, dotado de una imaginación activa y en constante travesía por el vasto desierto de la humanidad, tiene una meta más elevada que la del mero flâneur, un propósito más general que los placeres efímeros del momento. Busca algo que podemos permitirnos llamar modernidad, ya que no parece haber mejor palabra para expresar esta idea. Se esfuerza, por su parte, en extraer de lo que está de moda todo lo que pueda contener de poético dentro de lo histórico; en sacar lo eterno de lo transitorio.

Si echamos un vistazo a nuestras exposiciones de arte contemporáneo, notamos una tendencia general entre los artistas a vestir todos sus temas con trajes del pasado. Casi todos utilizan las modas y los decorados del Renacimiento, como David usó los de la antigua Roma. Pero hay una diferencia: David, al elegir temas específicamente griegos o romanos, no podía hacer otra cosa que vestirlos a la antigua; mientras que los pintores actuales, eligiendo temas de carácter general, aplicables a todas las épocas, insisten en vestirlos con trajes de la Edad Media, del Renacimiento o del Oriente.

Esto es, evidentemente, signo de gran pereza, pues es más fácil decretar, desde el inicio, que todo en la moda de una época es feo, que esforzarse por extraer de ella la belleza misteriosa que tal vez contenga, aunque sea mínima. La modernidad es lo transitorio, lo fugitivo, lo contingente, esa mitad del arte cuya otra mitad es lo eterno e inmutable. Cada maestro antiguo poseía su propia modernidad; la gran mayoría de los cuadros admirables que nos han legado generaciones pasadas están vestidos con los trajes de su época. Son perfectamente armónicos, porque el vestuario, los peinados e incluso los gestos, miradas y sonrisas (cada época tiene su porte, su mirada y su sonrisa) forman un conjunto lleno de vitalidad.

Este elemento transitorio y fugitivo, cuyas metamorfosis son tan frecuentes, no debe ser despreciado ni ignorado. Al suprimirlo, uno cae inevitablemente en las profundidades de una belleza abstracta e indefinible, como la de la única mujer antes de la caída original. Si se sustituye el traje que requiere la época por otro, se crea un sinsentido, solo excusable en caso de una mascarada dictada por la moda. Así, las diosas, ninfas y sultanas del siglo XVIII siguen siendo retratos convincentes, moralmente hablando.

Sin duda es excelente estudiar a los antiguos maestros para comprender el arte de la pintura, pero no es más que un ejercicio superfluo si el objetivo es entender la naturaleza de la belleza contemporánea. Los ropajes de Rubens o de Veronés no te enseñarán a representar el moire antique, el satén à la reine u otra tela de nuestra época, sostenida y equilibrada sobre crinolinas o enaguas de muselina almidonada. La textura y el tejido no son los mismos que los de la antigua Venecia ni los de la corte de Catalina. Además, el corte de la falda y del corsé es completamente distinto, los pliegues se disponen de forma diferente, y, finalmente, el gesto y el porte de una mujer actual confieren a su vestido una vida y una apariencia muy distintas de las de una mujer del pasado.

En resumen: para que una modernidad sea digna de convertirse en antigüedad, es necesario extraer la belleza misteriosa que la vida humana ha depositado allí por accidente. A esta tarea, en particular, se entrega monsieur G.

He dicho que cada época tiene su propio porte, su mirada y su gesto. Esta afirmación puede verificarse fácilmente, sobre todo, en una vasta galería de pinturas (como la de Versalles, por ejemplo). Pero el principio puede extenderse aún más. Dentro de la entidad que llamamos nación, las profesiones, las clases y los siglos introducen variaciones no solo en los gestos y modales, sino también en la forma misma del rostro. Ciertos tipos de nariz, boca, frente, representan épocas específicas que no pretendo determinar aquí, pero que podrían ciertamente ser objeto de cálculo. Tales consideraciones no son lo suficientemente familiares para nuestros retratistas; y el gran defecto de Monsieur Ingres, en particular, es que intenta imponer a todo tipo que se presenta ante sus ojos una perfección, más o menos despótica, derivada del repertorio de las ideas clásicas.

En una materia de este tipo, sería fácil —e incluso legítimo— argumentar a priori. La correlación perpetua entre lo que llamamos alma y lo que llamamos cuerpo explica con claridad cómo todo lo material, o lo que emana del espíritu, representa, y siempre representará, el espíritu del cual procede. Si un pintor paciente y escrupuloso, pero de imaginación limitada, al tener que pintar a una cortesana contemporánea se inspira (tal es el término consagrado) en una cortesana de Tiziano o Rafael, es muy probable que produzca una obra falsa, ambigua, confusa.

Estudiando una obra maestra de aquel período y género, no aprenderá ni la actitud, ni la mirada, ni la sonrisa, ni el aspecto vital de aquellas criaturas que el diccionario de la moda ha clasificado sucesivamente bajo los títulos crudos o juguetones de impuras, mantenidas, lorettes o biches.

La misma crítica puede aplicarse rigurosamente al estudio del soldado, del dandy, e incluso de los animales, perros o caballos, es decir, a todo lo que compone la vida exterior de una época. ¡Ay de aquel que estudia lo antiguo por algo distinto del arte en sí mismo, su lógica, su método general! Al sumergirse demasiado en ello, pierde toda memoria del presente y renuncia a los derechos y privilegios que ofrece la circunstancia, ya que casi toda nuestra originalidad proviene del sello que la época imprime sobre nuestras sensaciones. El lector comprenderá que podría probar fácilmente estas afirmaciones con muchos otros ejemplos que no sean las mujeres. ¿Qué dirían, por ejemplo, de un pintor de marinas (llevo la hipótesis al extremo) al que se le encarga reproducir la sobria y elegante belleza de un buque moderno, y que fatiga sus ojos estudiando las formas recargadas, el monumental espejo de popa de los navíos antiguos y el complejo aparejo del siglo XVI? ¿O qué pensarían de un artista encargado de pintar un pura sangre célebre en los sagrados anales del turf, si se limitara a observar caballos en los museos, si se contentara con ver al animal en las galerías del pasado, en Van Dyck, Bourguignon o Van der Meulen?

Monsieur G., guiado por la naturaleza y tiranizado por la circunstancia, ha seguido un camino completamente diferente. Comenzó contemplando la vida misma y solo después se preocupó por adquirir los medios para expresarla. Esto ha dado como resultado una originalidad impactante, en la cual lo que queda de bárbaro o ingenuo aparece como una nueva prueba de su fidelidad a la impresión, como un elogio halagador a la verdad. Para la mayoría de nosotros, especialmente aquellos involucrados en los negocios —para quienes la naturaleza no existe si no es útil para sus fines—, la maravillosa realidad de la vida se diluye singularmente. Monsieur G. la absorbe sin cesar; con ella se llenan su memoria y su mirada.

V. EL ARTE DE LA MEMORIA

La palabra "bárbaro", que tal vez ha surgido con demasiada frecuencia de mi pluma, podría llevar a algunos a creer que nos ocupamos aquí de dibujos inacabados que solo la imaginación del espectador puede transformar en cosas perfectas. Eso sería malinterpretarme. Hablo de una barbarie inevitable, de una síntesis infantil que suele verse en el arte perfecto (como el de México, Egipto o

Nínive), y que proviene de la necesidad de ver las cosas de manera global y de considerarlas, sobre todo, en su efecto conjunto.

No es superfluo observar aquí que todos aquellos artistas cuya visión sintetiza abreviando han sido acusados de bárbaros. Por ejemplo, Monsieur Corot, quien comienza por trazar las líneas principales de un paisaje, su esqueleto, su fisonomía. Así también, Monsieur G. transmite fielmente sus impresiones reales, marcando con energía instintiva los rasgos salientes o luminosos de un objeto (salientes o luminosos tal vez desde el punto de vista dramático), o sus características principales, a veces incluso con un grado de exageración que ayuda a la memoria humana; y la imaginación del espectador, sometiéndose a este dispositivo mnemónico tan despótico, ve con gran claridad la impresión que los objetos externos produjeron en la mente de Monsieur G. El espectador es aquí el traductor de una traducción que es siempre clara y embriagadora.

Hay una circunstancia que aumenta notablemente la fuerza vital de esta traducción legendaria de la vida exterior. Me refiero al método de dibujo de Monsieur G. Él dibuja de memoria, y no del modelo, salvo en aquellos casos (como sus dibujos de la Guerra de Crimea) en los que necesita con urgencia tomar nota inmediata y apresurada de las líneas principales del sujeto para capturarlas. En efecto, todos los artistas buenos y verdaderos dibujan a partir de la imagen grabada en su mente, y no directamente de la naturaleza. Si se nos presentan los admirables bocetos de Rafael, Watteau y muchos otros como contraejemplos, responderíamos que se trata de apuntes, muy detallados, es cierto, pero simples notas. Cuando el verdadero artista se embarca en la ejecución definitiva de una obra, el modelo sería más un estorbo que una ayuda. Incluso es posible que artistas como Daumier y Monsieur G., habituados a ejercitar la memoria y llenarla de imágenes, se sientan aturdidos y paralizados frente al modelo y su multiplicidad de detalles.

Así se entabla un duelo entre el deseo de captar cada detalle, de no olvidar nada, y la facultad de la memoria que ha adquirido el hábito de absorber con viveza el color general y el contorno, la arabesca de las formas. Los artistas que poseen un perfecto sentido de la forma, pero que están habituados sobre todo a ejercitar la memoria y la imaginación, se ven asaltados por un tumulto de detalles, todos clamando justicia con la furia de una multitud enamorada de la igualdad absoluta. La justicia es pisoteada; toda armonía queda destruida, sacrificada; muchas trivialidades se convierten en enormidades; muchas bagatelas, en usurpadoras. Cuanto más piensa el artista en tratar los detalles con imparcialidad, mayor es la anarquía. Ya sea miope o hipermétrope, desaparece todo sentido de jerarquía o subordinación. Este resultado aparece con frecuencia en las obras de uno de nuestros pintores más de moda, cuyas faltas, además, se ajustan tan bien a las del público, que han servido singularmente a su fama.

Puede encontrarse una analogía en el arte de la actuación, un arte tan misterioso y profundo, y que hoy ha caído en un lodazal de confusión. Monsieur Frédérick-Lemaitre construye un papel con la amplitud y el aliento del genio. Por luminosos que sean los detalles de su interpretación, siempre mantiene una forma escultórica, una obra de síntesis. Mientras que Monsieur Bouffé construye sus personajes con una precisión miope y burocrática. Con él todo es destello, pero nada se hace visible, nada permanece en la memoria.

Así, dos elementos se revelan en la ejecución de las obras de Monsieur G.: el primero, un esfuerzo intenso de la memoria que resucita y evoca —una memoria que dice a cada cosa: "¡Lázaro, levántate!"—; el segundo, un fuego, una embriaguez del lápiz o del pincel, que raya en el frenesí. Es el temor de no trabajar con suficiente rapidez, de dejar escapar el fantasma antes de que la síntesis haya podido ser extraída y capturada; el espanto que embarga a todos los grandes artistas, y que los lleva a apropiarse con pasión de todos los medios de expresión, para que las órdenes del pensamiento no se vean jamás traicionadas por las vacilaciones de la mano, y para que la ejecución —la ejecución ideal— de la obra sea tan inconsciente y espontánea como lo es el proceso de digestión para el espíritu de un hombre sano que ha comido bien.

Monsieur G. comienza con algunas indicaciones ligeras a lápiz, que no hacen más que marcar la posición que los objetos deben ocupar en el espacio. Luego indica los planos principales con aguadas de color, masas vagas, ligeramente teñidas al principio, pero revisitadas más tarde y cargadas repetidamente con colores más intensos. En el último momento, los contornos de los objetos se perfilan de manera definitiva con tinta. Sin verlos, uno no podría imaginar los sorprendentes efectos que alcanza mediante este método, tan simple y casi elemental. Posee esta ventaja incomparable: que, sin importar en qué etapa de ejecución se encuentre, cada diseño tiene un aire suficientemente acabado; llámese estudio, si se quiere, pero es un estudio perfecto. Todos los valores están en completa armonía, y si desea desarrollarlos más, avanzarán en conjunto hacia el grado de perfección deseado.

Prepara, así, veinte dibujos a la vez, con una impaciencia y una alegría encantadora, que a veces lo divierten a él mismo. Los bocetos se amontonan por decenas, cientos, miles. De vez en cuando los revisa, hojeándolos, examinándolos, y luego selecciona algunos cuya intensidad decide aumentar, profundizando las sombras y realzando progresivamente las luces.

Concede una enorme importancia a los fondos, que, vigorosos o ligeros, están siempre en sintonía con las figuras. La escala tonal y la armonía general se observan estrictamente, con un genio que proviene más del instinto que del estudio. Porque Monsieur G. posee, por naturaleza, ese talento misterioso del colorista, un verdadero don que el estudio puede reforzar, pero que, por sí solo, creo, no puede crear.

Para decirlo en una sola palabra: nuestro singular artista expresa de una sola vez los gestos y actitudes, solemnes o grotescos, de los seres vivos, con su luminosa explosión en el espacio.

VI. LOS ANALES DE LA GUERRA

Bulgaria, Turquía, Crimea y España han proporcionado un grandioso festín para los ojos de Monsieur G., o mejor dicho, de ese artista imaginario que hemos convenido en llamar Monsieur G. Porque, de cuando en cuando, me recuerdo que me he prometido mantener —para preservar mejor su modestia— la ficción de que no existe. He examinado atentamente sus archivos de la Guerra de Oriente (campos de batalla sembrados de restos fúnebres, trenes de bagajes, convoyes de ganado y caballos), asombrosos cuadros vivientes trazados a partir de la vida misma, elementos preciosos, pintorescos por naturaleza, que muchos pintores renombrados, en las mismas circunstancias, habrían descuidadamente ignorado; aunque, en este aspecto, haría gustosamente una excepción con Monsieur Horace Vernet, en verdad más un reportero que un pintor en esencia, con quien Monsieur G., artista más sutil, guarda afinidades manifiestas, si se elige considerarlo simplemente como un archivista de la vida. Puedo afirmar que ningún periódico, ningún relato escrito, ningún libro ha expresado con tanta precisión y en todo su detalle doloroso y cruda totalidad, esta gran epopeya militar de Crimea. La mirada recorre, sucesivamente, desde las orillas del Danubio hasta las del Bósforo; hasta el cabo de Quersoneso; sobre la llanura de Balaclava; los campos de Inkerman; por los campamentos ingleses, franceses, turcos y piamonteses; por las calles de Constantinopla; entre las salas de los hospitales y en medio de toda ceremonia religiosa o militar.

Una de estas composiciones, profundamente grabada en mi memoria, representa: La consagración de un cementerio en Scutari por el obispo de Gibraltar. El carácter pintoresco de la escena, que reside en el contraste entre el entorno oriental y las actitudes y uniformes occidentales de los participantes, se realiza de manera llamativa, evocadora, cargada de ensoñación. Los soldados y oficiales ostentan ese aire imborrable de caballeros, resueltos y al mismo tiempo contenidos, que llevan consigo hasta los confines del mundo, desde las guarniciones del Cabo hasta los cantones de la India. Los clérigos anglicanos dan la vaga impresión de ser ujieres o cambistas disfrazados con togas y birretes.

He aquí que estamos en Schumla, con Omar Pachá: hospitalidad turca, pipas y café; los invitados dispuestos en divanes, sosteniendo pipas tan largas como tubos de voz, cuyos hornillos descansan en el suelo a sus pies, mientras las boquillas se apoyan en sus labios. Allí vemos a los kurdos en Scutari, tropas de aspecto extraño, que hacen pensar en hordas bárbaras invasoras; también están los bashi-bazouks, no menos singulares, con sus oficiales europeos —húngaros o polacos— cuyas fisonomías acicaladas contrastan extrañamente con el carácter barroco oriental de sus tropas.

Recuerdo un diseño magnífico, que muestra una figura solitaria de pie, un hombre corpulento y robusto, con un aire a la vez pensativo, despreocupado y audaz; con botas altas que sobrepasan las rodillas; su uniforme oculto bajo un gran abrigo pesado, abotonado hasta el cuello. A través del humo de su cigarro, contempla el horizonte brumoso y amenazante; un brazo, herido, está en cabestrillo. A sus pies leo estas palabras, en inglés, escritas a lápiz: Canrobert en el campo de batalla de Inkerman. Tomado en el lugar.

¿Y quién es este jinete de bigotes blancos, cuyo gesto tan vívidamente representado, con la cabeza erguida, parece saborear toda la poesía terrible del campo de batalla, mientras su caballo, con la cabeza baja, olfatea el suelo entre cadáveres de rostros contraídos, amontonados, con los pies en alto, en actitudes extrañas? Al pie de este dibujo, en una esquina, se lee otra nota en inglés: Yo mismo en Inkerman.

Veo a Monsieur Baraguay d'Hilliers, junto al seraskier, inspeccionando la artillería en Beshiktash. Rara vez he visto un retrato militar más vívido, grabado por una pluma más valiente y expresiva.

Un nombre, de siniestra reputación desde los desastres en Siria, se ofrece a mi vista: Ahmed Pachá, general en jefe del Califato, en pie, con miembros de su estado mayor, frente a su tienda, recibiendo a dos oficiales europeos. A pesar de la amplitud de su panza turca, Ahmed Pachá muestra en su rostro y actitud el gran aire aristocrático que suele pertenecer a las razas dominantes.

La Batalla de Balaclava está representada varias veces en esta fascinante colección, y bajo aspectos diversos. Una de las más notables muestra aquella histórica carga de caballería celebrada por la trompeta heroica de Alfred Tennyson, el poeta laureado inglés: una horda de jinetes galopando a velocidad prodigiosa hacia el horizonte, entre densas nubes de humo de artillería. En el fondo, el paisaje se cierra con una línea de colinas verdes.

De vez en cuando, escenas religiosas alivian la mirada entristecida por todo este caos de pólvora y matanza. En medio de un grupo diverso de soldados ingleses, entre los cuales los vistosos uniformes de los escoceses con falda destacan especialmente, un sacerdote anglicano oficia el servicio dominical; tres tambores, uno apoyado sobre los otros dos, le sirven de púlpito.

En verdad, es difícil, simplemente con una pluma, traducir este poema hecho de mil bocetos, poema tan vasto y complejo, o expresar la embriaguez provocada por todos estos detalles pintorescos, a menudo melancólicos pero nunca sentimentales, reunidos en varios cientos de páginas, cuyas manchas y desgarrones revelan, a su manera, la confusión y el tumulto en los cuales el artista depositó allí sus recuerdos del día. Cada noche, el correo transportaba las notas y dibujos de Monsieur G. a Londres, y a menudo confiaba al correo más de diez bocetos dibujados en los papeles más finos, que los grabadores y los suscriptores del periódico esperaban con impaciencia.

Aparecen ahora ambulancias, en bocetos donde la atmósfera misma parece enferma, triste y pesada; cada camilla parece una cama de dolor; después, el hospital de Pera, donde, en conversación con dos monjas altas, pálidas y erguidas como figuras de Le Sueur, veo a un visitante de ropa informal, identificado por esta curiosa leyenda en inglés: My humble self (Mi humilde persona). Y más allá, por senderos tortuosos y ásperos, sembrados de restos de una batalla ya lejana, pasan lentamente bestias de carga —mulas, burros, caballos— que transportan en sus lomos, en pares de sillas rudimentarias, a los heridos pálidos e inertes. En medio del desierto nevado, camellos de porte majestuoso, con las cabezas en alto, guiados por tártaros, cargan provisiones o municiones de todo tipo: es todo un mundo de guerra, vivo, ocupado, silencioso; un mundo de campamentos, de bazares que muestran muestras de toda clase de mercancía, como ciudades bárbaras improvisadas para la ocasión. Entre esos barracones, por esos senderos pedregosos o nevados, por esas gargantas, circulan los uniformes de varias naciones, más o menos dañados por la batalla o transformados por la adición de grandes abrigos y botas pesadas.

Es una lástima que este álbum, hoy disperso en varios lugares, cuyas páginas más preciosas han sido retenidas por los grabadores encargados de reproducirlas o por los editores del Illustrated London News, no haya pasado ante los ojos del Emperador. Estoy seguro de que habría sentido placer —y no sin emoción— al ver las gestas y asuntos de sus soldados, minuciosamente representados, día tras día, desde las acciones militares más deslumbrantes hasta las ocupaciones más triviales de la vida, por la mano firme e inteligente de este artista militar.

VII. POMPA Y CIRCUNSTANCIA

Turquía también proporcionó a nuestro querido Monsieur G. algunos motivos admirables para componer: las fiestas del Bayram, fastos sombríos empapados por la lluvia, en medio de los cuales, como un sol pálido, surgía el tedio permanente del difunto sultán; a la izquierda del sultán, todos los oficiales del servicio civil; a la derecha, todos los del servicio militar, cuyo comandante era Said Pachá, sultán de Egipto, presente en ese momento en Constantinopla; solemnes cabalgatas y procesiones que avanzaban hacia la pequeña mezquita vecina al palacio, y, entre las multitudes, funcionarios turcos, verdaderas caricaturas de la decadencia, abrumando a sus magníficos corceles con el peso de sus cuerpos fantásticos; grandes carruajes pesados, como coches de Luis XIV, dorados y adornados con capricho oriental, de los cuales brotan, de vez en cuando, miradas de curiosidad femenina, por la estrecha abertura que las bandas de muselina permiten a los ojos.

Danzas frenéticas de acróbatas del tercer sexo (nunca la divertida expresión de Balzac ha sido más aplicable que en este caso, pues bajo las palpitaciones de luz temblorosa, bajo la agitación de sus vestiduras amplias, bajo los ardientes cosméticos que delinean mejillas, ojos y párpados, en esos gestos histéricos y convulsivos, en esas cabelleras flotantes hasta la cintura, resultaría difícil, por no decir imposible, adivinar los signos de la virilidad); y, finalmente, las femmes galantes (si se puede emplear siquiera la palabra galantería en relación con Oriente), generalmente compuestas por húngaras, valacas, judías, polacas, griegas y armenias; pues, bajo un gobierno despótico, son las razas oprimidas —y, entre ellas, las que más sufren— las que proporcionan la mayoría de las mujeres sometidas a la prostitución. Algunas de estas mujeres conservan su traje nacional: chaquetillas bordadas de mangas cortas, cinturones flotantes, pantalones amplios, babuchas vueltas, muselinas rayadas o con lentejuelas, y todo el oropel de su tierra natal; otras, y son las más numerosas, han adoptado el principal distintivo de la civilización que, para una mujer, es invariablemente la crinolina, aunque conservando siempre, en algún rincón de su atuendo, un pequeño recuerdo característico del Oriente, de modo que parecen damas parisinas disfrazadas con trajes de fantasía.

VIII. EL HOMBRE MILITAR

Para definir, una vez más, el tipo de temas preferidos por nuestro artista, podríamos decir que se trata del boato de la vida, tal como se ofrece a la mirada en las capitales del mundo civilizado: la pompa de la vida militar, la vida mundana, la vida galante. Nuestro observador siempre se encuentra en su puesto, allí donde fluyen los deseos hondos e impetuosos, esos Orinocos del corazón humano: la guerra, el amor, el juego; allí donde se celebran las fiestas y ficciones que representan esos grandes elementos de la felicidad o la desgracia. Sin embargo, muestra una marcada predilección por el hombre de armas, el soldado, y creo que este afecto proviene no solo de las cualidades y virtudes que inevitablemente pasan del alma guerrera a su fisonomía y porte, sino también del esplendor exterior con que su profesión lo reviste. Monsieur Paul de Molènes ha escrito unas cuantas páginas, tan sensatas como encantadoras, sobre la coquetería militar y el significado moral de esos trajes relucientes con los que todos los gobiernos se complacen en vestir a sus tropas. Monsieur G. firmaría gustosamente esas líneas.

Ya hemos hablado de la belleza idiomática propia de cada época, y hemos observado que cada siglo posee, por así decirlo, su gracia particular. La misma observación se aplica a las distintas profesiones; cada una deriva su belleza externa de las leyes morales a las que se encuentra sujeta. En unas, esa belleza estará marcada por la energía; en otras, llevará los signos visibles de la ociosidad. Parece un emblema del carácter; es el sello del destino. El militar, tomado como clase, tiene su belleza, así como el dandi y la cortesana tienen la suya, aunque de un matiz esencialmente distinto. Notarás que omito, naturalmente, aquellas profesiones en las que el ejercicio exclusivo y violento deforma los músculos y afea el rostro con signos de esclavitud. Acostumbrado a ser sorprendido por los acontecimientos, el militar es difícil de desconcertar.

El rasgo característico de belleza aquí será, entonces, una despreocupación marcial, una singular mezcla de calma y audacia; es una belleza que proviene de la necesidad de estar preparado para la muerte en cualquier momento. Y el rostro del soldado llevará necesariamente una gran sencillez; pues viviendo una vida comunal, como los monjes o los escolares, y habituado a delegar las preocupaciones diarias en una paternidad abstracta, el soldado es, en muchos sentidos, tan simple como un niño; y como los niños, una vez cumplidas sus tareas, se entretiene con facilidad y es propenso a diversiones bulliciosas. No exagero, creo, al afirmar que todas estas consideraciones morales fluyen con facilidad de los dibujos y acuarelas de Monsieur G. No falta tipo militar alguno, y todos son captados con una especie de gozosa exaltación: el viejo oficial de caballería, serio y triste, que aplasta con su corpulencia a su caballo; el apuesto oficial de estado mayor, ceñido de cintura, que arquea los hombros y se inclina sin pudor sobre los respaldos de las sillas de las damas, y que, visto de espaldas, recuerda al más esbelto y elegante de los insectos; el zuavo y el tirador, cuya prestancia proviene de un temple excepcional de osadía e independencia, que parece conferirles un sentido de la responsabilidad más vivo; la ágil y alegre despreocupación de los jinetes de caballería ligera; el aspecto vagamente profesoral y académico de los cuerpos especiales, artilleros o ingenieros, confirmado a menudo por la poco bélica adición de unas gafas. Ninguno de estos modelos, ninguno de estos matices es descuidado; todos son observados y definidos con el mismo amor y la misma inteligencia.

Tengo, en efecto, ante mis ojos una de estas composiciones cuyo carácter general es verdaderamente heroico: representa la cabecera de una columna de infantería; acaso estos hombres regresan de Italia y han sido detenidos en el bulevar entre los vítores de la multitud; acaso acaban de culminar una marcha interminable por los caminos de Lombardía; no lo sé. Lo que es visible y claramente comprensible es el carácter audaz y resuelto, incluso en reposo, de todos esos rostros curtidos por la lluvia, el viento y el sol.

Aquí, la uniformidad de expresión es manifiesta, nacida de la obediencia y del sufrimiento compartido, ese aire resignado del coraje puesto a prueba por el largo esfuerzo. Los pantalones, metidos dentro de las polainas, parecen aprisionarlos; las capas, manchadas de polvo y muy deslucidas; todo su equipo, en suma, ha adquirido el aspecto de esos seres indestructibles que regresan de lejos, habiendo vivido extrañas aventuras. Podría decirse que todos esos hombres se sostienen con más firmeza sobre las piernas, más cuadradamente plantados sobre los pies, con más aplomo, que cualquier otro. Charlet, que siempre buscó este tipo de belleza y que a menudo la encontró, habría quedado singularmente impresionado de haber visto este diseño.

IX. EL DANDY

Los novelistas ingleses han cultivado, más que ningún otro, la novela de alta sociedad; y los franceses que, como Monsieur de Custine, han hecho de las historias de amor su especialidad, se han preocupado, con todo acierto, de dotar a sus personajes de fortunas lo bastante vastas como para cubrir, sin titubeos, todas sus fantasías; prescindiendo así de cualquier tipo de profesión. Esos seres no tienen otra misión que cultivar la idea de la belleza en su propia persona, satisfacer sus pasiones, sentir y pensar. Disponen, por tanto, en medida amplia y cómoda, del tiempo y del dinero sin los cuales la fantasía, reducida al estado de simple ensoñación pasajera, difícilmente puede traducirse en acción. Es, por desgracia, una verdad demasiado cierta: sin dinero ni ocio, el amor no puede ser más que una orgía plebeya o el cumplimiento de un deber conyugal. En lugar de un capricho apasionado o soñador, se convierte en una utilidad repugnante.

Si hablo del amor en relación con el dandismo, es porque el amor es la ocupación natural del ocioso. Pero el dandy no ve en el amor una finalidad concreta. Si he hablado del dinero, es porque el dinero es indispensable para quien convierte en culto sus pasiones; pero el dandy no aspira al dinero como algo esencial: deja esa pasión grosera a los mortales vulgares; le basta con un crédito inagotable. El dandismo no consiste siquiera, como muchos frívolos creen, en un gusto desmesurado por la moda y la elegancia material. Para el dandy perfecto, estas cosas no son sino símbolos de su superioridad espiritual aristocrática. Es más: a sus ojos, preocupados por la distinción por encima de todo, la elegancia perfecta reside en la simplicidad absoluta, que es, en efecto, una forma aún más refinada de distinguirse. ¿Qué es entonces esta pasión convertida en doctrina, que ha producido adeptos tan tiránicos, esta institución no oficial que ha formado una casta tan altiva? Es una necesidad ardiente, ante todo, de exhibir una originalidad limitada solo por los confines de la corrección. Es una especie de culto del yo, que puede sin embargo admitir la búsqueda de una felicidad encontrada en otro ser, por ejemplo, una mujer; que incluso tolera todo lo que se conoce como ilusión. Es el placer de asombrar a los demás y la orgullosa satisfacción de no dejarse nunca sorprender. Un dandy puede estar hastiado o ser un hombre que sufre; pero, en ese último caso, sonreirá como el joven espartano mientras el zorro le muerde bajo la túnica.

Se ve claramente que el dandismo roza, en ciertos aspectos, lo espiritual y lo estoico. Pero un dandy no puede jamás ser un hombre común. Si cometiera un crimen, quizá no quedaría arruinado, pero si el crimen tuviera un origen trivial, el deshonor sería irreparable. Que el lector no se escandalice ante esta gravedad en medio de lo frívolo, pues hay grandeza en toda locura, energía en todo exceso. ¡Qué espiritualidad tan extraña! Para quienes son a la vez sus sacerdotes y sus víctimas, todas las complejas condiciones materiales a las que se someten —desde las normas irreprochables de vestimenta a toda hora del día o la noche, hasta las hazañas deportivas más arriesgadas— no son más que una especie de gimnasia destinada a fortalecer la voluntad y disciplinar el alma. En verdad, no me equivoqué al tratar el dandismo como una especie de religión. Ni la regla monástica más estricta ni el orden inexorable del Viejo de la Montaña (la orden de los Asesinos), que exigía el suicidio a sus discípulos si se embriagaban, era más despótico ni más rigurosamente obedecido que esta doctrina de la elegancia y la originalidad, que impone también a los ambiciosos y humildes miembros de su secta —hombres a menudo llenos de fuego, pasión, coraje y energía contenida— la terrible fórmula: Perinde ac cadaver: ¡sumiso como un cadáver! (Ignacio de Loyola).

Ya se llamen exquisitos, incroyables, beaux, lions o dandis, todos proceden de la misma fuente; todos comparten esa característica de oposición o rebeldía, todos representan lo mejor del orgullo humano, esa necesidad —demasiado rara hoy día— de combatir y destruir la trivialidad. De ahí nace, entre los dandis, la actitud altiva de su casta, provocadora incluso en su frialdad. El dandismo aparece sobre todo en épocas de transición, cuando la democracia no es aún todopoderosa y la aristocracia se halla solo parcialmente debilitada y envilecida. En medio del desorden de tales tiempos, ciertos hombres, sin raíces, inquietos, ociosos pero ricos en energía natural, pueden concebir la idea de establecer una nueva forma de aristocracia, tanto más difícil de destruir cuanto que se basa en las cualidades más preciosas, las más indestructibles, y en dones divinos que ni el trabajo ni la riqueza pueden conferir.

El dandismo es el último relámpago del heroísmo en una era de decadencia; y el tipo de dandy que nuestro explorador (Chateaubriand) descubrió en América del Norte no contradice esta idea: pues nada impide suponer que esas tribus que llamamos salvajes sean los restos de grandes civilizaciones desaparecidas. El dandismo es un sol poniente; como el astro que declina, es brillante, sin calor, y llena el espíritu de melancolía. ¡Pero ay! La marea ascendente de la democracia, que invade y nivela todo, arrastra día tras día a esos últimos representantes del orgullo humano, y vierte su oleaje de olvido sobre las huellas de esos prodigiosos Mirmidones. Los dandis se vuelven cada vez más raros en nuestro país, mientras que entre nuestros vecinos, en Inglaterra, el orden social y la constitución (la verdadera constitución, revelada por las costumbres) dejarán aún por mucho tiempo un lugar para los herederos de Sheridan, Beau Brummel y Byron, siempre que se presenten hombres dignos de ocuparlo.

Lo que al lector podría parecer una digresión no lo es, en verdad. Las reflexiones y consideraciones morales que suscitan los dibujos de un artista son, en muchos casos, la mejor interpretación que un crítico puede ofrecer de ellos: tales sugerencias forman parte de la idea original, que puede adivinarse al revelarlas una a una. ¿Hace falta decir que cuando Monsieur G. dibuja uno de sus dandis sobre el papel, le otorga siempre su carácter histórico, su carácter legendario —me atrevería a decir— si no estuviéramos hablando del presente y de cosas generalmente consideradas frívolas? Todo está ahí: la ligereza del paso, la compostura del gesto, la sencillez con aire de autoridad, la manera de llevar el abrigo, de manejar el caballo, esas actitudes exteriormente serenas pero que revelan una energía interior, que nos hace pensar, al descubrir con la mirada a uno de estos seres privilegiados en los que lo atrayente y lo formidable se mezclan misteriosamente: «He aquí un hombre, tal vez rico, pero más probablemente un Hércules sin ocupación».

La belleza característica del dandy consiste, ante todo, en ese aire de frialdad que proviene de una decisión inquebrantable de no dejarse conmover; un fuego latente, podría decirse, que sugiere la capacidad, pero no el deseo, de brillar. Eso es precisamente lo que expresan a la perfección estos dibujos.

X. LA MUJER

Ese ser que es, para la mayoría de los hombres, la fuente de los placeres más vivos y, hay que decirlo en desdoro de los placeres filosóficos, los más duraderos; ese ser hacia quien, o para cuyo beneficio, se dirigen todos sus esfuerzos; ese ser tan temido e incomunicable como la Divinidad (con esta diferencia: que lo infinito no se comunica porque deslumbraría y abrumaría al finito, mientras que el ser del que hablamos es incomprensible, quizá, porque no tiene nada que comunicarnos); ese ser en quien Joseph de Maistre veía un bello animal cuyas gracias animaban y aligeraban el juego serio de la política; por quien, y a través de quien, se hacen y se deshacen fortunas; por quien, pero sobre todo por medio de quien, artistas y poetas crean sus joyas más exquisitas; de quien emanan los placeres más debilitantes y los dolores más fértiles: la mujer, en una palabra, para el artista en general y para Monsieur G. en particular, no es simplemente la hembra del hombre.

Es, más bien, una divinidad, una estrella que preside todas las concepciones del cerebro masculino; es el reflejo deslumbrante de todas las gracias de la naturaleza condensadas en un solo ser; es el objeto de la más viva admiración y de la más intensa curiosidad que el cuadro de la vida pueda ofrecer a nuestra contemplación. Es una especie de ídolo, mudo quizá, pero deslumbrante y hechicero, que mantiene en suspenso la voluntad y el destino con una mirada. No es, digamos, un animal cuyos miembros, ensamblados con justeza, ofrezcan un ejemplo perfecto de armonía; ni siquiera un modelo de belleza pura, como el que sueña el escultor en sus meditaciones más profundas; no, eso aún resultaría insuficiente para explicar su misterioso y complejo poder de encantamiento.

No se trata aquí de Winckelmann ni de Rafael, y estoy seguro de que Monsieur G., a pesar de la amplitud de su inteligencia (lo cual puede decirse sin ofensa), dejaría pasar un fragmento de estatua antigua con tal de saborear el retrato de una dama pintado por Reynolds o Lawrence. Todo lo que adorna a la mujer, todo lo que sirve para ilustrar su belleza, forma parte de ella; y los artistas que se dedican particularmente al estudio de este enigmático ser, adoran tanto todo el mundus muliebris como a la mujer misma.

La mujer es, sin duda, una luz, una mirada, una invitación a la felicidad, una palabra, en ocasiones; pero sobre todo es una armonía general, no solo en el andar y en el movimiento de sus miembros, sino también en las muselinas, los tules, las vastas nubes tornasoladas de tela en que se envuelve, que son los atributos y pedestal de su divinidad; en los metales y minerales que se enroscan en sus brazos y cuello, que añaden chispas de fuego a su mirada o susurran dulcemente en sus oídos.

¿Qué poeta, al describir el placer que causa una aparición semejante de belleza, osaría separar a la mujer de su atuendo? ¿Dónde está el hombre que no haya disfrutado —en la calle, en el teatro, en el parque— de forma absolutamente desinteresada, de un atuendo hábilmente compuesto, y no haya conservado de él una imagen inseparable de la belleza de quien lo vestía, formando así, entre la mujer y su vestido, un todo indivisible?

Este es el momento, me parece, de volver a ciertas cuestiones sobre la moda y el adorno que apenas toqué al comenzar este estudio, y de reivindicar, frente a las torpes calumnias de ciertos amantes ambiguos de la naturaleza, el arte del embellecimiento.

XI. EN ALABANZA DEL ADORNO

Recuerdo una canción popular, tan trivial e inepta que apenas debería ser citada en una obra que pretende cierta seriedad, pero que expresa bastante bien, en estilo de vodevil, la estética de las personas irreflexivas: «¡La naturaleza embellece la belleza!». Presumiblemente, el poeta, si hubiera sido capaz de escribir en buen francés, habría dicho: «¡La simplicidad embellece la belleza!», lo cual equivale a la siguiente verdad, tan desconcertante como desconocida: «Nada embellece lo que ya es».

La mayoría de los errores respecto a la belleza nacen de un falso postulado del siglo XVIII en torno a la ética. En aquella época se consideraba que la naturaleza era la base, la fuente y el modelo de todo bien y de toda posible belleza. La negación del pecado original no fue un factor menor en esta ceguera general. Si, no obstante, accedemos simplemente a remitirnos a hechos evidentes en todas las épocas —y no menos para los lectores de los informes jurídicos—, veremos que la naturaleza no nos enseña nada, o prácticamente nada; es decir, que obliga al ser humano a dormir, beber, comer y protegerse de las inclemencias del clima. También lo impulsa a asesinar a sus semejantes, a devorarlos, encerrarlos y torturarlos; pues en cuanto salimos del reino de las necesidades para entrar en el del lujo y el placer, vemos que la naturaleza no aconseja sino el crimen.

Esta infalible naturaleza ha engendrado el parricidio y el canibalismo, junto a un millar de otras abominaciones que la vergüenza y el pudor nos impiden nombrar. Es la filosofía (me refiero a la filosofía sensata) y la religión quienes nos mandan cuidar de nuestros padres si están pobres o enfermos. La naturaleza —que no es más que la voz de nuestro propio interés— nos ordenaría sacrificarlos. Contemplad y analizad todo lo natural, todos los actos y deseos del hombre natural, y no encontraréis nada que no sea atroz. Todo lo bello y noble es producto de la razón y del cálculo. El crimen, por el que la criatura humana adquiere gusto desde el vientre materno, es de origen natural. La virtud, por el contrario, es artificial, antinatural; puesto que en todos los tiempos y en todas las naciones fueron necesarios dioses y profetas para enseñar la virtud a una humanidad animal, incapaz de descubrirla por sí misma. El mal se produce sin esfuerzo, naturalmente, por fatalidad; el bien es siempre fruto del artificio.

Todo lo que digo sobre la naturaleza como mala consejera en asuntos de moralidad, y sobre la razón como verdadera redentora y reformadora, puede aplicarse igualmente al terreno de la belleza. Esto me lleva a considerar el adorno como una de las señales de nobleza primitiva del espíritu humano. Las razas que nuestra civilización —confusa y perversa— tiene el orgullo ridículo y la fatuidad de considerar salvajes comprenden, como los niños, la noble espiritualidad del adorno. El salvaje y el niño, por su ingenua aspiración hacia lo brillante —como las plumas multicolores, las telas tornasoladas, la majestad suprema de las formas artificiales—, dan testimonio de su repugnancia por lo real y prueban, en su ignorancia, la inmaterialidad del espíritu.

¡Ay de aquel que, como Luis XV (producto no de una verdadera civilización sino de un renacimiento de la barbarie), lleva su degeneración hasta el punto de no tener gusto más que por la naturaleza sin adorno! (Sabemos que Madame Dubarry, cuando quería evitar encontrarse con el rey, se aplicaba colorete. Era disuasivo suficiente. Así le cerraba la puerta al real discípulo de la naturaleza. Fue precisamente al adornarse como lograba espantarlo).

La moda debe considerarse, pues, como un síntoma del gusto por el ideal que flota en la mente humana por encima de todo lo que la vida natural acumula de grosero, terrestre y repulsivo; como una sublime deformación de la naturaleza, o mejor aún, como un intento permanente y continuo de reformarla. Se ha señalado con acierto (aunque sin descubrir la causa) que toda moda es encantadora, es decir, relativamente encantadora, ya que cada una representa un esfuerzo nuevo, más o menos afortunado, orientado hacia la belleza, alguna suerte de aproximación al ideal, ese ideal cuyo deseo estimula sin cesar el espíritu insaciable del ser humano. Pero para apreciar las modas, no hay que considerarlas como cosas muertas; tanto valdría admirar los trajes suspendidos, flácidos y sin vida como la piel de San Bartolomé, en el guardarropa de un comerciante. Hay que imaginarlas vivificadas, animadas por las hermosas mujeres que las llevaron. Solo entonces se comprenderá su sentido y su espíritu. Si el aforismo «todas las modas son encantadoras» te choca por parecer demasiado absoluto, entonces di, sin temor a equivocarte: «Todas fueron vistas, en su momento, como verdaderamente encantadoras».

La mujer está, pues, en su pleno derecho, e incluso cumple una especie de deber, al consagrarse a aparecer mágica y por encima de la naturaleza; es necesario que asombre y seduzca: como ídolo, debe adornarse para ser adorada. Debe tomar prestados de todas las artes los medios para elevarse sobre la naturaleza, con el fin de conquistar los corazones y cautivar las mentes. Poco importa que sus trucos y artificios sean conocidos por todos, si su éxito es seguro y sus efectos, siempre irresistibles. Con estas consideraciones, el filósofo-artista encontrará una justificación fácil para todas las prácticas empleadas en todas las épocas para consolidar y divinizar —por así decirlo— su frágil belleza. Enumerarlas sería una tarea sin fin; pero si nos limitamos a lo que hoy se llama comúnmente maquillaje, ¿quién no ve que el uso del polvo de arroz, tan neciamente anatematizado por nuestros filósofos naturalistas, tiene como objetivo y resultado borrar del cutis todas las imperfecciones que la naturaleza ha esparcido sin piedad, y así crear una unidad abstracta de textura y color, una unidad que, como la del maillot del bailarín, asemeja al ser humano con una estatua, es decir, con un ser superior y divino?

En cuanto al rímel que perfila los ojos, y al colorete que aviva los pómulos, aunque su uso nace del mismo principio —la necesidad de sobrepasar a la naturaleza—, el resultado responde a una necesidad opuesta. El rojo y el negro representan la vida, una vida sobrenatural y excesiva; ese contorno negro hace la mirada más penetrante y singular, confiere al ojo la expresión decidida de una ventana abierta al infinito; el carmín, que enciende el pómulo, intensifica el brillo de la pupila y añade al hermoso rostro femenino la pasión misteriosa de la sacerdotisa.

Así pues, si se me ha entendido bien, adornar el rostro no debe hacerse con el objetivo vulgar e inconfesable de imitar la bella naturaleza y rivalizar con la juventud. Además, se ha observado que el artificio no embellece la fealdad y solo puede servir a la belleza. ¿Quién osaría asignar al arte la función estéril de imitar a la naturaleza? El maquillaje no necesita ocultarse ni esquivar su revelación; que se muestre, por el contrario, si no con afectación, al menos con una especie de candor.

Permito gustosamente que aquellos cuya pesada gravedad les impide buscar la belleza en sus manifestaciones más minuciosas se burlen de estas reflexiones mías y las acusen de pueril solemnidad; su juicio austero no me afecta; me contento con apelar a los verdaderos artistas, así como a aquellas mujeres que han recibido al nacer una chispa de ese fuego sagrado con el que se iluminan por completo.

XII. MUJERES Y MUCHACHAS

Así pues, Monsieur G., al darse a la tarea de buscar y exponer la belleza de la modernidad, representa con gusto a las mujeres ricamente vestidas y embellecidas con todo el arte del artificio, sin importar la clase social a la que pertenezcan. Además, en las colecciones de sus obras, no menos que en el hormiguero vibrante de la vida real, las diferencias de raza y clase, por lujoso que sea el atavío, saltan a la vista del espectador.

Aquí, bañadas por la luz difusa de un auditorio, recibiendo y reflejando la luz con sus ojos, sus joyas, sus hombros, aparecen, espléndidas como retratos, en palcos de teatro que las enmarcan, jovencitas de la más alta sociedad. Unas graves y serias, otras rubias y atolondradas. Algunas ostentan un busto precoz con desenfado aristocrático; otras, francamente, exhiben el pecho plano de un niño. Con abanicos en los labios, miradas fijas o ausentes, están tan teatralmente solemnes como la ópera o el drama que fingen seguir.

Allí, vemos familias elegantes paseando con desdén por los senderos de algún parque público, esposas apoyadas tranquilamente en el brazo de maridos cuyo aire sólido y complacido revela una fortuna consolidada y una completa autosatisfacción. Aquí, la holgura confortable ha sustituido a la distinción sublime. Entretanto, niñas flacuchas, con faldas infladas, semejando mujercitas por figura y por gesto, brincan, juegan con aros o hacen visitas sociales al aire libre, repitiendo así la comedia doméstica de sus padres.

Saliendo de un mundo inferior, orgullosas de aparecer por fin en el centro de la escena, las muchachas de los teatros menores, frágiles, delgadas, aún adolescentes, exhiben con júbilo absurdas parodias de la moda sobre sus hombros virginales, vestimentas que no pertenecen a ninguna época concreta y que son su delicia y orgullo.

En la puerta de un café, apoyado contra un escaparate iluminado desde dentro y desde fuera, se recuesta uno de esos imbéciles cuya elegancia la fabrica su sastre y cuya cabeza le modela su peluquero. A su lado, con los pies descansando en uno de esos indispensables taburetes, su amante se sienta: una descarada ordinaria, a la que prácticamente no le falta nada (y ese «prácticamente nada» es, de hecho, «todo»: la verdadera distinción) para ser una gran dama. Como su compañero elegante, tiene la boca completamente ocupada por un enorme cigarro. Estos dos seres no poseen ni un pensamiento. ¿Es seguro que siquiera ven? A menos que, como algún Narciso de la imbecilidad, contemplen a la multitud como si fuera un espejo que refleja su propia imagen. En verdad, existen más para el placer del observador que para el suyo propio.

He aquí que se abren las galerías, llenas de luz y de movimiento, del Valentino, del Prado, del Casino (como antes lo fueron el Tivoli, el Idalie, los Folies y el Paphos), esos lugares desordenados donde la exuberancia de la juventud ociosa se expresa sin trabas. Mujeres que exageran la moda hasta deformarla y destruir su intención arrastran ostentosamente sus colas y los flecos de sus chales por el suelo. Van, vienen, pasan y repasan, con ojos asombrados como los de los animales, con un aire de no ver nada, y sin embargo, examinando todo.

Sobre un fondo de luz infernal, o de aurora boreal —rojo, naranja, azufre, rosa (el rosa expresando la idea del éxtasis en medio de la frivolidad) y, a veces, púrpura (el color favorito de las canonesas, como ascuas moribundas tras un cortinaje azul)—, sobre estos telones mágicos que imitan la diversidad de los fuegos de Bengala, surge la imagen cambiante de la belleza disoluta. Ahora majestuosa, ahora juguetona; a veces esbelta, incluso enjuta; a veces ciclópea; unas veces pequeña y chispeante, otras pesada y monumental. Ha inventado una elegancia provocadora y extraña, o aspira, con mayor o menor fortuna, a una simplicidad propia de un mundo más elevado. Avanza hacia nosotros, se desliza, baila, balancea el peso de sus enaguas bordadas, que hacen de pedestal y barra de equilibrio; su mirada se lanza desde debajo del sombrero como desde el marco de un retrato. Representa a la perfección la barbarie dentro de la civilización. Posee una belleza concedida por el Mal, siempre carente de espiritualidad, pero a veces teñida de un hastío que pretende ser melancolía. Mira al horizonte como una bestia de presa, con la misma fiereza, la misma distracción ociosa y, a veces, con la misma fijeza de atención. Vagabunda bohemia en los márgenes de la sociedad aceptable, la trivialidad de su vida —hecha de astucia y conflicto— se revela fatalmente a través de su envoltorio de fingimiento. Bien se le podrían aplicar las palabras de ese maestro inimitable, La Bruyère: «En algunas mujeres hay una falsa nobleza asociada al movimiento de los ojos, la inclinación de la cabeza, la manera de andar, pero que no va más allá».

Estas reflexiones acerca de la cortesana pueden aplicarse, en cierto grado, también a la actriz; pues ella también es una criatura del artificio, un objeto de placer público. Pero aquí, la conquista, el premio, es de una índole más noble y espiritual. Busca ganar el favor general, no sólo mediante la pura belleza física, sino también por medio de un talento del orden más raro. Si por un lado roza el carácter de la cortesana, por otro se aproxima al del poeta. No olvidemos que, además de la belleza natural o incluso artificial, existe en todo ser humano la marca de su oficio, una característica que puede traducirse en fealdad física, pero también en una forma de belleza profesional.

En esa vasta galería que es la vida parisina o londinense, encontraremos todos los tipos de feminidad errante, mujeres en rebelión en todos los niveles: primero, la cortesana en su florecer, aspirando a aires patricios, orgullosa a la vez de su juventud y del lujo en el que vierte todo su genio y toda su alma; delicadamente, con dos dedos, recoge un amplio panel de seda, satén o terciopelo que ondula a su alrededor, o señala la punta de un pie cuyo zapato recargado bastaría para denunciarla —si eso no lo hiciera ya la innecesaria extravagancia de todo su atuendo—; luego, descendiendo en la escala, llegamos a las esclavas confinadas en aquellos prostíbulos disfrazados de cafés; miserables sometidas a los más avaros "guardianes", sin nada que les pertenezca, ni siquiera el atavío excéntrico que adereza su belleza.

Algunas entre estas últimas, ejemplos de una monstruosa pero inocente vanidad, expresan en sus rostros, en sus miradas altivas y elevadas, una evidente alegría de estar vivas (¿por qué, en verdad?). A veces encuentran, sin buscarlo, poses de una audacia y nobleza que podrían hechizar al escultor más sensible, si los escultores actuales tuvieran aún el coraje y el espíritu de hallar nobleza dondequiera que esté, incluso en el fango; otras veces se muestran postradas, en actitudes de tedio desesperado, de apatía de taberna, de cinismo masculino, fumando cigarrillos para matar el tiempo, con una resignación oriental y fatalista; despatarradas en divanes, faldas infladas por delante y por detrás como abanicos dobles, o precariamente equilibradas sobre taburetes y sillas; lánguidas, sombrías, estúpidas, extravagantes, con los ojos vidriosos por el brandy, la frente hinchada de orgullo obstinado.

Hemos descendido al último giro de la espiral, a la femina simplex de Juvenal (la mujer simple y llana). Ahora se retratan, en el fondo de una atmósfera donde el tabaco y el alcohol mezclan sus vapores, los pómulos demacrados de la tísica, o las formas redondeadas de la adiposidad, ese estado horriblemente saludable del indolente. En un caos brumoso y dorado, desconocido por los castos y los indigentes, se agitan y convulsionan ninfas macabras y muñecas vivientes, cuyos ojos delatan un brillo siniestro, mientras tras el mostrador cubierto de botellas de licor preside una vieja descomunal, cuya cabeza, envuelta en un pañuelo sucio, proyecta en la pared una sombra satánicamente puntiaguda, para recordarnos que todo lo consagrado al Mal está condenado a portar cuernos.

En verdad, no es para gratificar a mis lectores, ni mucho menos para escandalizarlos, que traigo tales imágenes ante sus ojos; hacerlo sería una falta de respeto. Lo que vuelve preciosos y casi sagrados estos retratos es la multitud de pensamientos que suscitan, pensamientos en general sombríos y severos. Pero si, por ventura, alguien tan mal aconsejado buscara en estas composiciones de Monsieur G. —tan ampliamente difundidas— la ocasión para satisfacer una curiosidad malsana, debo advertirle caritativamente que no hallará aquí nada que excite una imaginación perversa. No encontrará sino las marcas inevitables del vicio, es decir, la mirada del Demonio al acecho entre las sombras, o el hombro de Mesalina brillando bajo la luz del gas; nada más que arte puro, es decir, la belleza particular del mal, la belleza en lo terrible. El sentimiento general que emana de todo este caos, repito de paso, contiene más tristeza que burla. Lo que confiere a estos dibujos su belleza peculiar es su fecundidad moral. Están preñados de sugerencias

—duras sugerencias— que mi pluma, por muy habituada que esté a lidiar con las artes plásticas, apenas ha logrado transmitir parcialmente.

XIII. MEDIOS DE TRANSPORTE

Así continúan, en su interminable ramificación, estas extensas galerías de alta y baja vida. Dejémoslas por unos momentos para considerar un mundo que, si no puro, es al menos más refinado. Respiramos perfumes no más sanos quizá, pero sí más delicados. Ya he señalado que el pincel de Monsieur G., como el de Eugène Lami, es maravillosamente hábil para representar la pompa del dandismo y la elegancia del foppery. Las actitudes físicas de los ricos le son familiares; sabe representar, con un ligero trazo de la pluma y una certeza de tacto que nunca lo abandona, esa seguridad de mirada, gesto y pose que, entre los seres privilegiados, es el resultado de la monótona buena fortuna.

En esta particular serie de dibujos se muestran, en sus mil aspectos, incidentes del deporte, la caza, las carreras, los paseos por el bosque: damas orgullosas y señoritas frágiles que manejan monturas de una pureza de forma admirable con mano segura; los corceles mismos, de una ligereza, brillantez y capricho semejantes a los de sus dueñas. Porque Monsieur G. no solo es un conocedor de los caballos en general, sino que tiene un don feliz para expresar su belleza individual.

Aquí hay paradas, campamentos —por así decirlo— de numerosos medios de transporte, desde los cuales, alzados sobre cojines, asientos o el techo, elegantes hombres y mujeres jóvenes, vestidos con los excéntricos trajes autorizados por la estación, asisten a alguna solemnidad que tiene lugar a lo lejos. Allí, un jinete cabalga, grácil, al galope, junto a un coche abierto, y su caballo parece, en sus inclinaciones y cabriolas, estar rindiendo respeto a su manera. El carruaje avanza a paso ligero, a lo largo de un callejón surcado de luces y sombras, con su grupo de bellezas dispuestas indolentemente como en una cuna, escuchando a medias las galanterías que llegan a sus oídos, y entregándose ociosamente a la brisa que pasa.

Las pieles y las muselinas se les suben hasta la barbilla y ondean en olas sobre las puertas de los carruajes. Sus sirvientes son rígidos y erguidos, inmóviles y todos iguales: siempre las mismas efigies interminables y monótonas del servilismo puntual y disciplinado; su distinción es la de no tener ninguna. Al fondo, el bosque es verde o rojizo, polvoriento o sombrío, según la hora y la estación. Los claros están llenos de niebla otoñal, sombras azuladas, rayos dorados, un resplandor rosado o repentinos destellos de luz que cortan la oscuridad como tajos de sable.

Si sus innumerables acuarelas que representan la guerra en el Este no hubieran revelado ya las facultades de Monsieur G. como paisajista, bastarían estas escenas para convencernos. Aquí, sin embargo, no se trata de la campiña desgarrada de Crimea, ni de las dramáticas orillas del Bósforo; nos encontramos de nuevo en medio de la escenografía familiar e íntima que conforma el entorno de una gran ciudad, donde la luz crea efectos que ningún artista verdaderamente romántico puede pasar por alto.

Otro mérito que vale la pena señalar en este punto es su notable conocimiento de los arneses y el trabajo de carrocería. Monsieur G. dibuja y pinta un medio de transporte, toda clase de carruajes, con el mismo cuidado y la misma facilidad con que un hábil pintor de marinas capta toda clase de barcos. Toda la carrocería es perfectamente correcta; cada detalle está en su lugar y no se puede encontrar ningún defecto. Sea cual fuere la actitud en que se apodere de él, la velocidad a la que lo haga, un carruaje, como un barco, confiere a su movimiento una gracia misteriosa y compleja muy difícil de resumir en taquigrafía. El placer que recibe el ojo del artista parece derivar de la serie de figuras geométricas que este objeto —ya tan intrincado, ya sea barco o carruaje— engendra sucesiva y rápidamente en el espacio.

Sin duda, podemos estar seguros de que, dentro de pocos años, los dibujos de Monsieur G. ocuparán su lugar como preciosos archivos de la vida civilizada. Su obra será codiciada por los coleccionistas tanto como la de Debucourt, Moreau, Saint-Aubin, Carle Vernet, Lami, los hermanos Devéria, Gavarni y todos esos otros artistas exquisitos que, si bien representan solo lo familiar y encantador, son, a su manera, no menos serios como historiadores. Varios de ellos incluso sacrificaron demasiado en aras de agradar, e introdujeron, a veces, en sus composiciones un estilo clásico ajeno al tema. Algunos han suavizado deliberadamente los ángulos, han pulido los bordes ásperos de la vida, han atenuado los reflejos brillantes. Menos hábil que ellos, Monsieur G. posee un profundo valor totalmente suyo. Ha cumplido deliberadamente una función que otros artistas han desdeñado, y que exige, sobre todo, un hombre de mundo para su realización. Ha buscado, por todas partes, la belleza pasajera de la vida actual, el carácter fugaz de lo que el lector nos ha permitido llamar modernidad. A menudo bizarro, violento, excesivo, pero siempre poético, ha sabido concentrar en sus dibujos el sabor, amargo o embriagador, del vino de la Vida.

LA MUJER SALVAJE Y LA QUERIDITA

«En verdad, querida, me molestáis sin tasa y compasión; diríase, al oíros suspirar, que padecéis más que las espigadoras sexagenarias y las viejas pordioseras que van recogiendo mendrugos de pan a las puertas de las tabernas.

Si vuestros suspiros expresaran siquiera remordimiento, algún honor os harían; pero no traducen sino la saciedad del bienestar y el agobio del descanso. Y, además, no cesáis de verterlos en palabras inútiles: ¡Quiéreme! ¡Lo necesito "tanto"! ¡Consuélame por aquí, acaríciame por "allá"! Mirad: voy a intentar curaros; quizá por dos sueldos encontremos el modo, en mitad de una fiesta y sin alejarnos mucho.

Contemplemos bien, os lo ruego, esta sólida jaula de hierro tras de la cual se agita, aullando como un condenado, sacudiendo los barrotes como un orangután exasperado por el destierro, imitando a la perfección ya los brincos circulares del tigre, ya los estúpidos balanceos del oso blanco, ese monstruo hirsuto cuya forma imita asaz vagamente la vuestra.

Ese monstruo es un animal de aquellos a quienes se suele llamar "¡ángel mío!", es decir, una mujer. El monstruo aquél, el que grita a voz en cuello, con un garrote en la mano, es su marido. Ha encadenado a su mujer legítima como a un animal, y la va enseñando por las barriadas, los días de feria, con licencia de los magistrados; no faltaba más.

¡Fijaos bien! Veis con qué veracidad —¡acaso no simulada!— destroza conejos vivos y volátiles chillones, que su cornac le arroja. "Vaya —dice este—, no hay que comérselo todo en un día"; y tras las prudentes palabras le arranca cruelmente la presa, dejando un instante prendida la madeja de los desperdicios a los dientes de la bestia feroz, quiero decir, de la mujer.

¡Ea!, un palo para calmarla; porque está flechando con ojos terribles de codicia el alimento arrebatado. ¡Dios eterno! El garrote no es garrote de comedia. ¿Oísteis sonar la carne, a pesar de la pelambrera postiza? Por eso ahora se le saltan los ojos de la cabeza y aúlla muy naturalmente. En su rabia, centellea toda, como hierro en el yunque.

¡Tales son las costumbres conyugales de estos dos descendientes de Eva y de Adán, obras de vuestras manos, Dios mío! Incontestablemente, desdichada es esta mujer, aunque, en último término, quizá los goces titilantes de la gloria no le sean desconocidos. Desdichas más irremediables hay que no tienen compensación. Pero en el mundo adonde la arrojaron, nunca pudo ella pensar que una mujer mereciera otro destino.

¡Hablemos ahora vos y yo, preciosa querida! A la vista de los infiernos que pueblan el mundo, ¿qué he de pensar yo de vuestro lindo infierno, si vos no descansáis más que sobre telas tan suaves como vuestra piel, y solo coméis carnes cocidas, cuyos pedazos se cuida de trinchar un doméstico hábil?

¿Y qué pueden significar para mí todos esos suspirillos que os hinchan el pecho perfumado, robusta coqueta? ¿Y todas esas afectaciones aprendidas en los libros, y esa infatigable melancolía, hecha para inspirar a los espectadores un sentimiento en todo distinto de la compasión? A la verdad, me entran ganas algunas veces de enseñaros lo que es la verdadera desdicha.

Viéndoos así, hermosa delicada mía, con los pies en el fango, vueltos vaporosamente los ojos al cielo, como para pedirle rey, se os tomaría con verosimilitud por una rana joven invocando al ideal. Si despreciáis la viga —lo que yo soy ahora, como sabéis—, cuidado con la grúa que ha de mascaros, tragaros y mataros a su gusto.

Por poeta que sea, no soy tan cándido como quisierais creer, y si harto a menudo me cansáis con vuestros primorosos lloriqueos, he de trataros como a mujer salvaje, o arrojaros por la ventana como botella vacía.»

EL OJO DE LOS POBRES

¿De modo que quieres saber por qué te odio hoy? Te será, sin duda, más difícil entenderlo que a mí explicártelo, pues creo que eres el más bello ejemplo de impermeabilidad femenina que cabe encontrar.

Habíamos pasado juntos una larga jornada que me resultó corta. Nos habíamos prometido que nos comunicaríamos todos nuestros pensamientos el uno al otro y que, en adelante, nuestras almas serían una sola; claro que este sueño no tiene nada de original, salvo que ningún hombre lo ha visto realizado, aunque todos lo hayan concebido.

Al anochecer, como estabas algo cansada, quisiste sentarte en la terraza de un café nuevo que hacía esquina con un bulevar también nuevo y todavía lleno de escombros, que ya mostraba su esplendor inacabado. El café estaba resplandeciente. Hasta el gas del alumbrado desplegaba todo el fulgor de un estreno e iluminaba con toda su fuerza las paredes de una blancura cegadora, las superficies deslumbrantes de los espejos, los dorados de las molduras y cornisas, los mofletudos pajes arrastrados por perros con correas, las damas sonriendo al halcón posado en el puño, las Hebes y los Ganímedes ofreciendo con los brazos extendidos un ánfora con jaleas o un obelisco bicolor de helados con copete; toda la historia y toda la mitología puestas al servicio de la glotonería.

En la calzada, justo delante de nosotros, se había plantado un buen hombre de unos cuarenta años, con cara de cansancio y barba entrecana, que llevaba de una mano a un niño, mientras sostenía en el otro brazo a una criaturita demasiado pequeña para andar. Estaba haciendo de niñera y llevaba a sus hijos a tomar el fresco de la noche. Todos iban andrajosos. Los tres rostros estaban extraordinariamente serios y los seis ojos contemplaban fijamente el café nuevo, con igual admiración, aunque diversamente matizada por la edad.

Los ojos del padre decían: "¡Qué precioso, qué precioso! Se diría que todo el oro de este pobre mundo se ha concentrado en esas paredes".

Los ojos del niño exclamaban: "¡Qué precioso, qué precioso!, pero ese es un sitio donde sólo puede entrar la gente que no es como nosotros".

En cuanto a los ojos del más pequeño, estaban demasiado fascinados para no expresar más que una alegría estúpida y profunda.

Dice la letra de una canción que el placer hace a las almas buenas y ablanda los corazones. Por lo que a mí se refería, la canción tenía razón esa noche. No sólo me había enternecido aquella familia de ojos, sino que me sentía un tanto avergonzado de nuestros vasos y de nuestras jarras, mayores que nuestra sed. Había dirigido mis ojos a los tuyos, amor mío, para leer en ellos mi pensamiento; me había sumergido en tus ojos tan bellos y tan extrañamente dulces, en tus ojos verdes, habituados por el capricho e inspirados por la luna, cuando me dijiste:

—¡No soporto a esa gente con los ojos abiertos como platos! ¿No puedes decirle al encargado del café que los eche de ahí?

¡Hasta qué extremo es difícil entenderse, ángel mío! ¡Hasta qué extremo es incomunicable el pensamiento, incluso entre aquellos que se aman!

CUADERNOS ÍNTIMOS

Lo que está creado por el espíritu es más vivo que la materia.

Las voluptuosidades del amante tienen algo, a la vez, del ángel y del propietario: claridad y ferocidad. Y hasta son independientes del sexo, de la belleza y del género animal.

Los pueblos adoran la utilidad. Los sacerdotes son los servidores, pero también los sectarios de la imaginación. El trono y el altar: máxima revolucionaria.

Me parece haber escrito ya en mis notas que el amor se parece a una tortura o a una operación quirúrgica. Pero esta idea puede ser desarrollada del modo más amargo. Aunque ambos amantes estén muy enamorados el uno del otro, uno de ellos, aunque sus deseos sean recíprocos, siempre estará más sereno.

(Sugerencia: la frase "o menos proceso burgués pidiese que le sirviesen una tajada de poeta asado, la gente le encontraría muy natural" parece contener un error de redacción o transcripción. ¿Podrías revisarla o confirmarme su forma original para corregirla adecuadamente?)

Lo que hay de embriagador en el mal gusto es el placer aristocrático de degradar.

Un poco de trabajo, repetido trescientas sesenta y cinco veces, da trescientas sesenta y cinco veces un poco de dinero, es decir: una suma enorme. Y al mismo tiempo, la gloria queda hecha.

Hay cierta cobardía, mejor dicho, cierta blandenguería, en las personas honradas.

¿Cómo podría yo triunfar, si empiezo por no intentarlo siquiera?

Lo más molesto del amor es que consiste en un crimen en el que uno no puede prescindir de su cómplice.

¿Qué es el amor? La necesidad de salirse de sí mismo.

Del odio de la juventud contra los escritores que llenan de citas sus obras. El citador es un enemigo para los jóvenes.

Un bello cuadro por hacer: la canalla literaria.

El pelotón de los pequeños literatos, que suele verse en los entierros, distribuyendo apretones de manos y encomendándose a la memoria del periodista encargado de los Ecos de Sociedad, en el entierro de los hombres célebres.

Todo periódico, desde la primera línea hasta la última, no es más que un tejido de horrores: guerras, crímenes, robos, impudicias, torturas, crímenes de los príncipes, crímenes de las naciones, crímenes de los particulares: una embriaguez de atrocidad universal.

Notas preciosas

Haz cada día lo que quieren el deber y la prudencia. Si trabajases todos los días, la vida se te volvería más soportable. Trabaja seis días sin descansar. Sé siempre poeta, hasta en prosa. Gran estilo (nada más bello que el lugar común). Primero, empieza; y sírvete después de la lógica y del análisis. Toda hipótesis exige su conclusión. Hallar el frenesí periodístico.

DEL TRABAJO COTIDIANO Y DE LA INSPIRACIÓN

La orgía no es ya hermana de la inspiración; hemos cortado ya este parentesco adúltero. La enervación rápida y la debilidad de algunas bellas naturalezas dan testimonio suficiente contra este odioso juicio.

Una alimentación sustanciosa, pero regular, es la única cosa que necesitan los escritores fecundos. La inspiración es, decididamente, la hermana del trabajo cotidiano. Esos dos comentarios no se excluyen más que todos los contrarios que constituyen la Naturaleza.

La inspiración obedece, como el hambre, como la digestión, como el sueño. Hay, sin duda, en el espíritu, una especie de mecánica celeste de la cual no debemos avergonzarnos, sino sacar de ella el provecho más glorioso, como los médicos de la mecánica del cuerpo. Si se quiere vivir en una contemplación obstinada de la obra de mañana, el trabajo diario servirá a la inspiración, como una escritura legible sirve para iluminar, y como el pensamiento tranquilo sirve para escribir legiblemente; porque el tiempo de las malas escrituras ha pasado ya.

DE LA POESÍA

La danza gramatical. —La voz del adjetivo me penetró hasta el tuétano de mis huesos.

Ni remordimientos ni pesares. ¿Qué importa sufrir mucho, cuando se ha gozado mucho? Es una ley, un equilibrio. Encontrar el álgebra moral de ese refrán.

Entre los derechos de que tanto se ha hablado en estos últimos tiempos, hay uno que ha sido olvidado y en cuya demostración todo el mundo está interesado: el derecho a contradecirse.

¿Quién de nosotros, en sus momentos de ambición, no ha soñado con el prodigio de una prosa poética, musical, sin ritmo y sin rima, tan flexible y tan maleable que pueda adaptarse a todas las actitudes líricas del alma, a las sinuosidades del ensueño y a las inquietudes de la conciencia?

LAS MUCHEDUMBRES

No a todos les es dado tomar un baño de multitud; gozar de la muchedumbre es un arte; y sólo puede darse a expensas del género humano un atracón de vitalidad aquel a quien un hada insufló en la cuna el gusto del disfraz y la careta, el odio del domicilio y la pasión del viaje.

Multitud, soledad: términos iguales y convertibles para el poeta activo y fecundo. El que no sabe poblar su soledad, tampoco sabe estar solo en una muchedumbre atareada.

Goza el poeta del incomparable privilegio de poder a su guisa ser él y ser otros. Como las almas errantes en busca de cuerpo, entra cuando quiere en la persona de cada cual. Sólo para él está todo vacante; y si ciertos lugares parecen cerrársele, será que a sus ojos no valen la pena de una visita.

El paseante solitario y pensativo saca una embriaguez singular de esta universal comunión. El que fácilmente se desposa con la muchedumbre, conoce placeres febriles, de que estarán eternamente privados el egoísta, cerrado como un cofre, y el perezoso, interno como un molusco. Adopta por suyas todas las profesiones, todas las alegrías y todas las miserias que las circunstancias le ofrecen.

Lo que llaman amor los hombres es sobrado pequeño, sobrado restringido y débil, comparado con esta inefable orgía, con esta santa prostitución del alma, que se da toda ella, poesía y caridad, a lo imprevisto que se revela, a lo desconocido que pasa.

Bueno es decir alguna vez a los venturosos de este mundo, aunque sólo sea para humillar un instante su orgullo necio, que hay venturas superiores a la suya, más vastas y más refinadas. Los fundadores de colonias, los pastores de pueblos, los sacerdotes misioneros, desterrados en la externidad del mundo, conocen, sin duda, algo de estas misteriosas embriagueces; y en el seno de la vasta familia que su genio se formó, alguna vez han de reírse de los que les compadecen por su fortuna, tan agitada, y por su vida, tan casta.

LAS VIUDAS

Dice Vauvenargues que en los jardines públicos hay paseos frecuentados principalmente por la ambición venida a menos, por los inventores desgraciados, por las glorias abortadas, por los corazones rotos, por todas esas almas temblorosas y cerradas en que rugen todavía los últimos suspiros de una tempestad, que se alejan de la insolente mirada de los satisfechos y de los ociosos. En estos refugios umbríos se dan cita los lisiados por la vida.

A esos lugares, sobre todo, gustan el poeta y el filósofo de dirigir sus ávidas conjeturas. Pasto cierto hay en ellos. Porque si algún paraje desdeñan visitar, es, sobre todo, como insinué hace un momento, la alegría de los ricos. Tal turbulencia en el vacío nada tiene que les atraiga. Por el contrario, siéntense irresistiblemente arrastrados hacia todo lo débil, lo arruinado, lo contristado, lo huérfano.

Una mirada experta nunca se engaña. En esas facciones rígidas o abatidas, en esos ojos hundidos y empañados o brillantes con los últimos fulgores de la lucha, en esas arrugas hondas y múltiples, en ese andar tan lento o tan brusco, al instante descifra las innumerables leyendas del amor engañado, de la abnegación incomprendida, de los esfuerzos sin recompensa, del hambre y del frío soportados humilde y silenciosamente.

¿Visteis alguna vez en esos bancos solitarios viudas pobres? Enlutadas o no, fácil es conocerlas. Además, siempre hay en el luto del pobre algo a faltar, una ausencia de armonía que le infunde mayor desconsuelo. Se ve obligado a escatimar en su dolor. El rico lleva el suyo de bote en bote.

¿Qué viuda es más triste y entristecedora, la que tira de la mano de un niño, con el que no puede compartir su divagación, o la que está sola del todo? No sé... Una vez llegué a seguir durante largas horas a una vieja afligida de tal especie; tiesa, erguida, con un corto chal gastado, llevaba en todo su ser una altanería de estoica.

Estaba evidentemente condenada por una soledad absoluta a los hábitos de un solterón, y el carácter masculino de sus costumbres ponía una sazón misteriosa en su austeridad. No sé en qué café miserable ni de qué manera almorzó. La seguí al gabinete de lectura y la espié mucho tiempo, mientras que buscaba en las gacetas con ojos activos, quemados tiempo atrás por las lágrimas, noticias de interés poderoso y personal.

Al cabo, por la tarde, bajo un cielo de otoño encantador, uno de esos cielos de que bajan en muchedumbre pesares y recuerdos, sentose aparte en un jardín, para escuchar, lejos del gentío, un concierto de esos con que la música de los regimientos regala al pueblo parisiense.

Aquel era, sin duda, el exceso de la vieja inocente —o de la vieja purificada—, el bien ganado consuelo de uno de esos pesados días sin amigo, sin charla, sin alegría, sin confidente, que Dios dejaba caer sobre ella, quizá desde muchos años antes, trescientas sesenta y cinco veces al año.

Otra más:

Nunca pude contener una mirada, si no de universal simpatía, por lo menos curiosa, a la muchedumbre de parias que se apretujan en torno al recinto de un concierto público. Lanza la orquesta, a través de la noche, cantos de fiesta, de triunfo o de placer. Los vestidos de las mujeres arrastran rebrillando; crúzanse las miradas; los ociosos, cansados de no hacer nada, se balancean, fingen saborear, indolentes, la música. Aquí nada que no sea rico, venturoso; nada que no respire e inspire despreocupación y gozo de dejarse vivir; nada, salvo el aspecto de aquella turba que se apoya allá, en la valla exterior, cogiendo gratis, a merced del viento, un jirón de música y mirando la centelleante hornaza interior.

Siempre ha sido interesante el reflejo de la alegría del rico en el fondo de los ojos del pobre. Pero aquel día, a través del pueblo vestido de blusa y de indiana, vi un ser cuya nobleza formaba llamativo contraste con toda la trivialidad del contorno.

Era una mujer alta, majestuosa y de nobleza tal en todo su porte, que no guardo recuerdo de semejante suya en las colecciones de las aristocráticas bellezas del pasado. Un perfume de altanera virtud emanaba de toda su persona. Su faz, triste y enflaquecida, casaba perfectamente con el luto riguroso de que iba vestida. También, como la plebe con que se había mezclado sin verla, miraba al mundo luminoso con ojos profundos, y, gacha suavemente la cabeza, escuchaba.

¡Visión singular! «De seguro —me dije—, esa pobreza, si hay tal pobreza, no ha de admitir la economía sórdida; una tan noble faz me lo fía. ¿Por qué, pues, permanece voluntariamente en un medio en el que es mancha tan llamativa?»

Pero, al pasar curioso junto a ella, creí adivinar la razón. La viuda alta llevaba de la mano un niño, vestido, como ella, de negro; por módico que fuese el precio de la entrada; bastaba acaso aquel precio para pagar un día las necesidades de la criatura, o, mejor tal vez, una superfluidad, un juguete.

Y se habrá vuelto a su casa a pie, meditando y soñando, sola, porque el niño es travieso, egoísta, no tiene dulzura ni paciencia, y ni siquiera puede, como el puro animal, como el gato y el perro, servir de confidente a los dolores solitarios.

PARAÍSOS ARTIFICIALES

DEL VINO Y DEL HACHÍS

I. El vino

Un hombre muy célebre, que era al mismo tiempo un gran tonto —cosas que se llevan bien, según parece, como tendré más de una vez, sin duda, el doloroso placer de demostrar— se ha atrevido, en un libro sobre la Mesa, compuesto desde el doble punto de vista del placer y la higiene, a escribir lo siguiente en el capítulo sobre el vino:

«El patriarca Noé pasa por ser el inventor del vino; es un licor que se hace con el fruto de la vid».

¿Y después? Después, nada. Será inútil que hojeéis el volumen, que lo recorráis en todos los sentidos, que lo leáis al derecho, al revés, de derecha a izquierda y de izquierda a derecha: nada más encontraréis sobre el vino en la Fisiología del gusto del muy ilustre y respetado Brillat-Savarin: «El patriarca Noé...» y «es un licor...».

Me imagino que un habitante de la Luna o de algún planeta lejano viaja por nuestro mundo y, cansado por sus largas etapas, desea refrescarse el paladar y calentarse el estómago. Tiene que ponerse al corriente de los placeres y costumbres de nuestra Tierra. Ha oído hablar vagamente de deliciosos licores con los que los ciudadanos de este globo se procuran, a voluntad, alegría y coraje. Para estar más seguro de su elección, el habitante de la Luna recurre al oráculo del buen gusto, el célebre e infalible Brillat-Savarin, y encuentra en el artículo del vino esta información preciosa: «El patriarca Noé...» y «este licor se hace...».

Es algo muy digestivo y muy explicativo. Después de haber leído esta frase, es imposible no tener una idea exacta y clara de todos los vinos, de sus diferentes cualidades, de sus inconvenientes y del efecto que ejercen en el estómago y el cerebro.

¡Oh, queridos amigos, no leáis a Brillat-Savarin! Dios evita a los que ama las lecturas inútiles. Tal es la primera máxima de un librito de Lavater, filósofo que amó a los hombres más que a todos los magistrados del mundo antiguo y moderno. No se ha bautizado postre alguno con el nombre de Lavater, pero el recuerdo de ese hombre angélico seguirá viviendo entre los cristianos cuando los buenos burgueses hayan olvidado ya al Brillat-Savarin, bizcocho insípido cuyo menor defecto consiste en servir de pretexto para un desembuchamiento de máximas totalmente pedantes tomadas de la famosa obra maestra.

Si una nueva edición de esa falsa obra maestra se atreve a afrontar la cordura de la humanidad moderna, bebedores melancólicos o bebedores alegres, los que buscáis en el vino el recuerdo o el olvido y, al no encontrarlo nunca lo suficientemente a vuestro gusto, no contempláis ya el cielo sino a través del fondo de la botella; bebedores olvidados y desconocidos, ¿compraréis un ejemplar de este libro y trocaréis el bien por el mal, el beneficio por la indiferencia?

Abro la Kreisleriana del divino Hoffmann y leo en ella una recomendación curiosa:

«El músico concienzudo debe emplear el vino de Champaña para componer una ópera cómica. En él encontrará la alegría espumante y liviana que el género reclama. La música religiosa exige vino del Rhin o del Jurançon. Como en el fondo de las ideas profundas, hay en ellos una amargura embriagadora; pero la música heroica no puede prescindir del vino de Borgoña: posee el ímpetu severo y la seducción del patriotismo».

Esto es mejor ciertamente, y además del sentimiento apasionado de un bebedor, encuentro en ello una imparcialidad que hace el mayor honor a un alemán. Hoffmann había armado un raro barómetro psicológico destinado a mostrarle las diferentes temperaturas y los fenómenos atmosféricos de su alma.

En él se encuentran divisiones tales como estas: «tendencia ligeramente irónica atemperada por la indulgencia; amor a la soledad con profunda satisfacción de mí mismo; júbilo musical, entusiasmo musical, tempestad musical, alegría sarcástica insoportable para mí mismo, aspiración a salir de mi yo, objetividad excesiva y fusión de mi ser con la naturaleza».

No es necesario decir que las divisiones del barómetro moral de Hoffmann se hallaban acotadas de acuerdo con el orden de su generación, como en los barómetros corrientes. Me parece que entre ese barómetro psicológico y la explicación de las cualidades musicales de los vinos existe una fraternidad evidente.

Hoffmann comenzaba a ganar dinero cuando se lo llevó la muerte. La fortuna le sonreía. Como nuestro querido y gran Balzac, sólo en los últimos tiempos vio brillar la aurora boreal de sus esperanzas más antiguas. En esa época, los editores, que se disputaban sus cuentos para los almanaques, tenían la costumbre, para obtener su favor, de acompañar sus envíos de dinero con un cajón de vinos franceses.

Profundos goces del vino, ¿quién no os ha conocido? Quienquiera que ha tenido que apaciguar un remordimiento, que evocar un recuerdo, que ahogar un sufrimiento, que hacer castillos en el aire; todos, en fin, te han invocado, Dios misterioso oculto en las fibras de la vid.

¡Qué grandes son los espectáculos del vino iluminados por el sol interior! ¡Qué auténtica y ardiente esa segunda juventud que el hombre extrae de sí mismo! Pero qué temibles también esas voluptuosidades fulminantes y sus encantamientos enervantes.

Sin embargo, decidme, en vuestra alma y conciencia, jueces, legisladores, hombres de mundo, todos aquellos a quienes la felicidad hace bondadosos, a quienes la fortuna hace fáciles la salud y las virtudes, decidme: ¿quién de vosotros tendrá el valor despiadado de condenar al hombre que bebe con inteligencia?

Por otra parte, el vino no siempre es el terrible combatiente seguro de su triunfo y, además, ha jurado no mostrar compasión ni misericordia. El vino es semejante al hombre: no sabe jamás hasta qué punto se lo puede estimar o despreciar, amar o aborrecer, ni de cuántos actos sublimes o delitos monstruosos es capaz.

Por consiguiente, no seamos más crueles con él que con nosotros mismos y tratémoslo como igual.

«Hombre, mi bien amado, quiero hacerte llegar, a pesar de mi cárcel de vidrio y mis cerrojos de corcho, un canto lleno de fraternidad, un canto lleno de alegría, de luz y de esperanza.

No soy ingrato y sé que te debo la vida. Sé que eso te ha costado trabajo y sol en los hombros. Tú me has dado la vida y te recompensaré. Te pagaré mi deuda con largueza, porque siento un júbilo extraordinario cuando caigo en el fondo de una garganta sedienta por el trabajo.

El pecho de un hombre honrado es una morada que me agrada mucho más que esos sótanos melancólicos e insensibles. Es una tumba alegre donde cumplo con entusiasmo mi destino. Armo un zafarrancho en el estómago del obrero y, desde allí, por escaleras invisibles, subo hasta su cerebro, donde ejecuto mi suprema danza.

¿Oyes cómo se agitan y resuenan en mí los poderosos estribillos de los tiempos antiguos, los cantos del amor y de la gloria? Yo soy el alma de la patria, galante a medias y a medias militar. Soy la esperanza de los días de fiesta, pues el trabajo hace los días prósperos y el vino hace los domingos dichosos.

Arremangado y con los codos apoyados en la mesa de la familia, me elogiarás con orgullo y te sentirás verdaderamente contento.

Encenderé los ojos de tu anciana esposa, la vieja compañera de tus pesadumbres cotidianas y de tus esperanzas más antiguas. Enterneceré su mirada y pondré en el fondo de su pupila el relámpago de la juventud.

Y a tu hijito querido, paliducho, ese pobre pollino uncido a la misma fatiga que el caballo de varas, le devolveré los bellos colores de su cuna; y seré para ese nuevo atleta de la vida el óleo que fortificaba los músculos de los antiguos luchadores.

Caeré en el fondo de tu pecho como una ambrosía vegetal. Seré la semilla que fertilice el surco dolorosamente abierto. Nuestro íntimo ayuntamiento creará la poesía. Entre ambos haremos un Dios y volaremos hacia el infinito como los pájaros, como las mariposas, los hilos de telaraña, los perfumes y todo aquello que posee alas».

Eso es lo que canta el vino en su lenguaje misterioso. ¡Ay de aquel cuyo corazón egoísta y cerrado a los dolores de sus hermanos nunca ha oído esa canción!

Con frecuencia he pensado que, si Jesucristo compareciera al presente en el banquillo de los acusados, encontraría algún acusador público que demostraría que la reincidencia empeora su caso. En cuanto al vino, reincide todos los días. Todos los días repite sus beneficios. Eso explica, sin duda, el ensañamiento de los moralistas contra el vino. Cuando digo moralistas, me refiero a los seudomoralistas fariseos.

Pero he aquí algo muy distinto. Descendamos un poco más abajo. Contemplemos a uno de esos seres misteriosos que viven, por decirlo así, de las deyecciones de las grandes ciudades; pues hay oficios extravagantes. Su número es inmenso. A veces he pensado aterrado en los oficios que no comportan alegría alguna, oficios desagradables, fatigas sin alivio, sufrimientos no compensados.

Me engañaba. He aquí un hombre encargado de recoger los restos de un día en la capital. Todo lo que la gran ciudad ha desechado, todo lo que ha perdido, todo lo que ha desdeñado, todo lo que ha roto, él lo cataloga y colecciona. Compulsa los archivos del libertinaje, el cajón de sastre de los desechos, hace una cribadura, una selección inteligente; recoge, como su tesoro un avaro, las basuras que, rumiadas por la divinidad de la industria, se convertirán en objetos de utilidad o de goce.

Ved cómo, a la claridad lóbrega de los faroles acosados por el viento nocturno, sube por una de esas largas callejuelas tortuosas pobladas por pequeños hogares de la montaña Sainte-Geneviève. Está cubierto con su capa de mimbre y su número siete. Llega sacudiendo la cabeza y tropezando con los adoquines, como los poetas jóvenes que pasan todos sus días vagando en busca de rimas.

Habla solo y derrama su alma en el aire frío y tenebroso de la noche. Es un monólogo magnífico que inspira la compasión por las tragedias más líricas.

«¡Adelante! ¡Marchen! ¡División, primera fila, ejército! ¡Exactamente como el Napoleón agonizante en Santa Helena!».

Parecería que el número siete se ha convertido en un cetro de hierro y la capa de mimbre en un manto imperial. Ahora felicita a su ejército. Se ha ganado la batalla, pero la jornada ha sido dura. Pasa a caballo bajo arcos de triunfo. Su corazón es dichoso. Escucha con delicia las aclamaciones de un mundo entusiasmado. Poco después dictará un código superior a todos los conocidos. Jura solemnemente que hará a sus pueblos felices. La miseria y el vicio han desaparecido en los seres humanos.

Y, sin embargo, tiene la espalda y los riñones desollados por el peso de su mochila. Le acosan los disgustos domésticos. Le han cansado cuarenta años de trabajo y de caminatas. La vejez le atormenta. Pero el vino, como un nuevo Pactolo, hace correr a través de la humanidad languideciente un oro intelectual. Como los buenos reyes, reina por sus servicios y canta sus proezas con la garganta de sus súbditos.

Hay en el globo terráqueo una multitud innumerable y sin nombre, cuyo sueño no adormecería bastante los sufrimientos. El vino compone para ella canciones y poemas.

Muchas personas me encontrarán, sin duda, demasiado indulgente. «Usted absuelve la borrachera e idealiza el vicio». Confieso que ante los beneficios carezco de coraje para contar los daños. Por lo demás, ya he dicho que al vino se lo puede asimilar con el hombre y he concedido que sus crímenes son tantos como sus virtudes. ¿Puedo hacer algo más?

Por otra parte, se me ocurre una idea. Si el vino desapareciera de la producción humana, creo que en la salud y el intelecto del planeta se produciría un vacío, una ausencia, una imperfección mucho más espantosa que todos los excesos y las desviaciones de que se hace responsable al vino.

¿No es razonable pensar que las personas que jamás beben vino, ingenuas o sistemáticas, son imbéciles o hipócritas? Imbéciles, es decir, hombres que no conocen la humanidad ni la naturaleza; artistas que rechazan los medios tradicionales del arte; obreros que blasfeman de la mecánica. Hipócritas, es decir, glotones vergonzantes, fanfarrones de la sobriedad que beben a escondidas y ocultan algún vino.

Un hombre que no bebe más que agua es porque tiene un secreto que oculta a sus semejantes.

Júzguese: hace algunos años, en una exposición de pintura, la multitud de los necios armó un gran escándalo ante un cuadro pulido, encerado y barnizado como un objeto industrial. Era la antítesis absoluta del arte; y con respecto a La cocina de Drolling, que es la locura respecto a la necedad, y los esbirros respecto al imitador.

En esa pintura microscópica se veían volar las moscas. Me sentí, como todos, atraído por aquel objeto monstruoso, pero me avergonzaba esa extraña debilidad, porque era la irresistible atracción de lo horrible. En fin, advertí que me arrastraba sin saberlo una curiosidad filosófica, el inmenso deseo de averiguar cuál podía ser la índole moral del hombre que había concebido extravagancia tan criminal.

Aposté conmigo mismo que tenía que ser fundamentalmente malo. Hice tomar informes y mi instinto tuvo el placer de ganar esa apuesta psicológica. Me enteré de que el monstruo se levantaba regularmente antes del alba, había arruinado a su sirvienta… ¡y sólo bebía leche!

Una o dos anécdotas más y dogmatizaremos.

Un día, en una acera, vi un gran grupo de gente; conseguí mirar por encima de los hombros de los pazguatos y observé lo siguiente: un hombre tendido en tierra, de espaldas y con los ojos abiertos, fijos en el cielo; y otro hombre de pie delante de él, hablándole solamente con gestos. El hombre tendido en tierra le respondía sólo con la mirada, y ambos parecían animados por una benevolencia prodigiosa.

Los gestos del hombre de pie decían a la inteligencia del hombre tendido: «Ven, ven de nuevo, la dicha está allí, a dos pasos. Ven hasta la esquina de la calle. No hemos perdido por completo de vista la costa de la aflicción, todavía no estamos en la alta mar del ensueño; vamos, valor, amigo, diles a tus piernas que satisfagan tu pensamiento».

Todo esto lleno de vacilaciones y de balanceos armoniosos. El otro estaba ya, sin duda, en alta mar (por lo demás, navegaba en el arroyo), pues su sonrisa beata respondía: «Deja en paz a tu amigo. La costa de la aflicción ha desaparecido ya lo suficiente detrás de las neblinas bienhechoras; no tengo nada más que pedir al cielo del ensueño».

Creo haber oído también una frase vaga, o más bien que se escapaba de su boca un suspiro vagamente formulado en palabras: «Hay que ser razonable». Esto es el colmo de lo sublime. Pero, como veréis, en la embriaguez existe lo hipersublime.

Siempre lleno de indulgencia, el amigo va solo a la taberna y vuelve con una cuerda en la mano. Sin duda, no podía soportar la idea de navegar solo y de correr a solas tras la dicha; por eso iba a buscar a su amigo en un coche. El coche era la cuerda, y le pasó ese coche por la cintura. El amigo tendido le sonríe; sin duda ha comprendido el maternal pensamiento. El otro hace un nudo en la cuerda y luego comienza a andar, como un caballo apacible y discreto, y acarrea a su amigo hasta la cita con la felicidad.

El hombre acarreado, o más bien arrastrado, y que pulimenta el pavimento con la espalda, continúa sonriendo con su sonrisa inefable. La gente está estupefacta, pues lo demasiado bello, lo que supera a las fuerzas poéticas del hombre, causa más asombro que enternecimiento.

Había un hombre, español, un guitarrista que viajó durante largo tiempo con Paganini; eso sucedió antes de la época gloriosa de Paganini. Ambos llevaban la gran vida vagabunda de los bohemios, de los músicos ambulantes, de las personas sin familia y sin patria. Ambos, violín y guitarra, daban conciertos en todas partes por donde pasaban. Erraron así durante mucho tiempo por diversos países.

Mi español poseía tal talento que podía decir como Orfeo: «Soy el dueño de la naturaleza». Por dondequiera que iba, rasgueando las cuerdas de su guitarra y haciéndolas vibrar armoniosamente bajo el pulgar, estaba seguro de que le seguiría una multitud. Con semejante secreto, nunca se muere de hambre. Le seguían como a Jesucristo. ¡No es posible negar comida y hospitalidad al hombre, al genio, al hechicero que hace cantar a vuestra alma sus canciones más bellas, las arias más secretas, las más desconocidas y las más misteriosas!

Me han asegurado que ese hombre, de un instrumento que solamente produce sonidos sucesivos, obtenía fácilmente sonidos continuados.

Paganini llevaba la bolsa y ejercía la gerencia de los fondos sociales, lo que no sorprenderá a nadie. La caja viajaba en la persona del administrador; tan pronto estaba arriba como abajo, hoy en las botas y mañana entre dos costuras del traje. Cuando el guitarrista, que era gran bebedor, preguntaba cuál era la situación financiera, Paganini respondía que ya no quedaba nada, o casi nada, pues era como los viejos, que tienen siempre el temor de carecer de lo necesario.

El español le creía o fingía creerle, y, con los ojos fijos en el horizonte del camino, pulsaba y atormentaba a su compañera inseparable. Paganini avanzaba por el otro lado de la ruta. Era un acuerdo mutuo para no molestarse. Y así los dos estudiaban y trabajaban mientras seguían caminando.

Luego, cuando llegaban a algún lugar que ofrecía probabilidades de ingresos, uno de ellos ejecutaba una de sus composiciones y el otro improvisaba a su lado una variación, un acompañamiento o un fondo. Nadie sabrá nunca cuántos goces y poesía contenía esa vida de trovadores. No sé por qué se separaron.

El español viajó solo. Una tarde llegó a una aldea del Jura. Hizo fijar carteles anunciando un concierto en una sala de la alcaldía. El concierto consistía en un solo de guitarra. Se había hecho conocer tocando en los cafetines, y su raro talento había llamado la atención de algunos músicos de la pequeña ciudad. En fin, acudió mucha gente a oírle.

Mi español había descubierto en un rincón de la aldea, al lado del cementerio, a otro español, un paisano. Era una especie de empresario de sepulturas, un marmolista fabricante de tumbas. Como todos los que ejercen oficios fúnebres, bebía en abundancia. De modo que la botella y la patria comunes los llevaron muy lejos, pues el músico no se separaba ya del marmolista.

El mismo día del concierto, cuando llegó la hora, estaban juntos. ¿Pero dónde? Era lo que había que averiguar. Lo buscaron en todos los cafés y tabernas del pueblo y, por fin, lo encontraron con su amigo en una zahúrda indescriptible, los dos completamente borrachos.

Siguieron escenas parecidas a las de Kean y Frederick. Por fin consintió en ir a tocar, pero de pronto se le ocurrió una idea:

«Tú tocarás conmigo» —le dijo a su compañero.

El otro se negó a hacerlo; tenía un violín, pero tocaba como el peor rascatripas.

«Tocarás, o no tocaré yo tampoco».

De nada valieron los sermones ni las buenas razones; hubo que consentirlo.

Ya estaban en el tablado, ante la mejor burguesía del lugar.

«Traigan vino», dijo el español.

El constructor de sepulturas, conocido por todos, aunque no como músico, estaba demasiado borracho para sentir vergüenza. Cuando llevaron el vino, no tuvieron paciencia ni siquiera para destapar las botellas, y los ruines bribones las guillotinaron a cuchillazos como las personas mal educadas. ¡Juzgad qué buen efecto produciría eso en los provincianos endomingados! Las damas se retiraron, y, ante aquellos borrachos que parecían medio locos, mucha gente se fue escandalizada.

Pero obtuvieron su recompensa aquellos en los que el pudor no apagó la curiosidad y tuvieron el valor de quedarse.

«Comienza», ordenó el guitarrista al marmolista. No es posible expresar qué clase de sonidos salieron de aquel violín borracho; parecía que Baco delirante cortaba piedras con una sierra. ¿Qué tocaba, o qué quería tocar? Era lo mismo: lo primero que se le ocurría.

De pronto, una melodía enérgica o suave, caprichosa y única al mismo tiempo, envolvía, extinguía, ahogaba y disimulaba la batahola chillona. La guitarra cantaba en un tono tan alto que ya no se oía el violín. Y, sin embargo, era la melodía, la melodía borracha que había iniciado el marmolista.

La guitarra se expresaba con enorme sonoridad; charlaba, cantaba, declamaba con una verbosidad aterradora y con una seguridad y una pureza de dicción inauditas. La guitarra improvisaba una variación sobre el tema del violín de ciego. Se dejaba guiar por él y vestía espléndida y maternalmente la tenue desnudez de sus sonidos.

Mi lector comprenderá que esto es indescriptible; me lo ha contado un testigo veraz y serio. Al terminar, el público estaba más borracho que él. El español fue aplaudido, saludado y felicitado con un entusiasmo inmenso.

Pero el carácter de la gente de la región no le agradó, sin duda, pues esa fue la única vez que consintió en tocar.

¿Dónde se hallará ahora? ¿Qué sol ha contemplado sus últimos ensueños? ¿Qué suelo ha recibido sus despojos cosmopolitas? ¿Qué zanja ha cobijado su agonía?

¿Dónde están los perfumes embriagadores de las flores ya desaparecidas? ¿Dónde están los colores mágicos de los antiguos ocasos?

Sin duda, no os he enseñado nada nuevo. Todos conocen el vino, es amado por todos. Cuando exista un verdadero médico filósofo —lo que apenas se vislumbra— podrá hacer un estudio interesante sobre el vino, una especie de doble psicología, cuyos dos términos serán el vino y el hombre.

Explicará cómo y por qué ciertas bebidas poseen la facultad de aumentar desmedidamente la personalidad del ser pensante, y de crear, por decirlo así, una tercera persona: operación mística en la que el hombre natural y el vino, el dios animal y el dios vegetal, desempeñen el papel del Padre y el Hijo en la Trinidad, y engendren al Espíritu Santo, que es el hombre superior, que proviene igualmente de ambos.

Hay personas a las que desentumece el vino tan fuertemente que sus piernas se hacen más firmes y su oído excesivamente fino. Conocí a un individuo cuya vista debilitada recuperaba, con la embriaguez, toda su penetrante fuerza primitiva. El vino transformaba al topo en águila.

Un viejo autor desconocido ha dicho: «Nada iguala el deleite del hombre que bebe, como no sea el del vino al ser bebido». En efecto, el vino desempeña un papel íntimo en la vida de la humanidad, un papel tan íntimo que no me sorprendería que, seducidos por una idea panteísta, algunos individuos razonables le atribuyesen una especie de personalidad.

El hombre y el vino me parecen dos luchadores amigos que combaten sin cesar y sin cesar se reconcilian. El vencido abraza siempre al vencedor.

Hay borrachos malvados; son personas naturalmente malas. El hombre malo llega a ser execrable, como el bueno llega a ser excelente.

II. El hachís

Voy a hablar enseguida de una droga que está en boga desde hace algunos años, una especie de droga deliciosa para cierta clase de aficionados y cuyos efectos son mucho más fulminantes y fuertes que los del vino.

Describiré con cuidado todas sus consecuencias, y luego, reanudando la pintura de las diferentes eficacias del vino, compararé esos dos medios artificiales con los cuales el hombre, exasperando su personalidad, crea en sí mismo, por así decirlo, una especie de dios.

Mostraré los inconvenientes del hachís, el menor de los cuales, a pesar de los tesoros de benevolencia ignorados que aparentemente hace germinar en el corazón —o más bien en el cerebro— del hombre, consiste en que es antisocial, mientras que el vino es hondamente humano, y casi me atrevería a llamarlo hombre de acción.

A veces, cuando se hace la cosecha de cáñamo, se producen fenómenos extraños en los cuerpos de los peones masculinos y femeninos. Se diría que de la siega se eleva no sé qué vertiginoso espíritu que circula alrededor de las piernas y asciende maliciosamente hasta el cerebro. La cabeza del segador se llena de torbellinos y otras veces se carga de fantasías. Los miembros se debilitan y se niegan a funcionar.

Por lo demás, cuando era niño experimenté fenómenos análogos mientras jugaba y me revolcaba en montones de alfalfa.

Se ha tratado de hacer hachís con cáñamo en Francia. Todos esos ensayos han fracasado hasta el presente, y los empecinados que desean a toda costa procurarse goces mágicos han seguido utilizando el hachís que ha cruzado el Mediterráneo, es decir, el que está hecho con cáñamo indio o egipcio. El hachís se compone de una cocción de cáñamo indio, manteca y una pequeña cantidad de opio.

He aquí un dulce verde, singularmente oloroso, tan oloroso que causa una especie de repulsión, como, por lo demás, la causaría cualquier aroma fino llevado a su máximo de potencia y, por decirlo así, de densidad.

Tomad una porción grande como una nuez, llenad con ella una cucharita y poseeréis la felicidad, la felicidad absoluta con todas sus embriagueces, con todas sus locuras juveniles y también con sus infinitas beatitudes.

La felicidad está allí, en la forma de un trocito de dulce; tomadla sin temor, porque no mata; no daña gravemente los órganos físicos. Tal vez vuestra voluntad quede disminuida, pero ése es otro asunto.

En general, para dar al hachís toda su fuerza y eficacia hay que diluirlo en café muy caliente y tomarlo en ayunas; la comida se demora hasta las diez o las doce de la noche, y sólo se puede ingerir una sopa liviana. La infracción a esta regla tan sencilla produciría vómitos, pues la comida es incompatible con la droga o con la eficacia del hachís. Muchos ignorantes o imbéciles que se conducen así acusan al hachís de ineficaz.

Apenas es absorbida la pequeña droga —operación que, por otra parte, requiere cierta resolución, pues, como he dicho, la mezcla es tan olorosa que causa a algunas personas síntomas de náuseas—, os sentiréis inmediatamente en un estado ansioso.

Habéis oído hablar vagamente de los efectos maravillosos del hachís, vuestra imaginación se ha hecho de él una idea particular, un ideal de embriaguez, y estáis impacientes por saber si, en realidad, el resultado estará en consonancia con esa idea preconcebida.

El tiempo que transcurre entre la absorción del brebaje y los primeros síntomas varía según los temperamentos y también de acuerdo con la costumbre. Las personas que poseen el conocimiento y la práctica del hachís sienten, a veces, al cabo de media hora, los primeros síntomas de sus efectos.

Me olvidé de decir que el hachís produce en el hombre una exasperación de su personalidad y, al mismo tiempo, una sensación muy viva de las circunstancias y el ambiente. Conviene no someterse a su acción sino en ambientes y circunstancias favorables. Así como todo júbilo y todo bienestar son excesivos, así también todo dolor y toda angustia son profundos.

No hagáis semejante experiencia si tenéis que realizar alguna tarea desagradable, si vuestro ánimo se siente inclinado al spleen, si tenéis que pagar una cuenta. Ya he dicho que el hachís es inadecuado para la acción. No consuela como el vino; hace desarrollar desmedidamente la personalidad humana en las circunstancias actuales en que se halla situada.

En la medida posible, es necesario un buen departamento o un hermoso paisaje, una mente libre y despreocupada y algunos cómplices cuya idiosincrasia intelectual se aproxime a la vuestra, y también un poco de música, si ello fuera posible.

La mayoría de las veces, los novatos se quejan, en su primera iniciación, de la lentitud de los efectos. Los esperan con ansiedad; como no se presentan con toda la rapidez que desearían, hacen fanfarronadas de incredulidad que regocijan mucho a los que conocen las cosas y la manera como el hachís actúa.

Es uno de los espectáculos menos cómicos ver cómo aparecen y se multiplican los primeros ataques en medio de esa misma incredulidad. Ante todo, se apodera de vosotros cierta hilaridad irresistible y ridícula. Las palabras más vulgares, las ideas más simples, adquieren un aspecto extravagante y nuevo. Esa alegría se os hace insoportable a vosotros mismos, pero es inútil que respinguéis contra ella.

Os ha invadido el demonio, y todos los esfuerzos que hagáis para resistirlo servirán solamente para acelerar el progreso del mal. Os reís de vuestra necedad y de vuestra locura; vuestros amigos se os ríen en la cara, pero no les guardáis rencor, pues la benevolencia comienza a manifestarse.

Esta alegría lánguida, este malestar en el júbilo, esta inseguridad e indecisión en la enfermedad duran generalmente poco tiempo. Sucede algunas veces que personas completamente inhábiles para los juegos de palabras improvisan interminables sartas de retruécanos, de asociaciones de ideas enteramente improbables, capaces de desconcertar a los maestros más grandes en ese arte ridículo.

Al cabo de unos minutos, las asociaciones de ideas se van haciendo tan vagas, los hilos que ligan vuestras concepciones son tan tenues, que sólo pueden comprenderos vuestros cómplices, vuestros correligionarios. Vuestro jugueteo, vuestras carcajadas, parecen el colmo de la tontería a todos los que no se hallan en el mismo estado que vosotros.

La sapiencia de ese desdichado os regocija desmedidamente; su serenidad os lleva a los últimos linderos de la ironía; os parece el más loco y ridículo de los hombres. En cuanto a vuestros compadres, os entendéis perfectamente con ellos. Pronto ya no os comunicáis sino con la mirada. Es una situación un tanto cómica la de los hombres que gozan de una alegría incomprensible para quien no está situado en el mismo mundo que ellos. Le compadecen profundamente.

Por lo tanto, la idea de superioridad despunta en el horizonte de vuestra inteligencia. Y pronto crecerá desmesuradamente.

En esa primera fase fui testigo de escenas muy grotescas. Un músico célebre que ignoraba las propiedades del hachís, y que tal vez nunca había oído hablar de esa droga, se encuentra en una reunión donde casi todos lo han tomado. Se esfuerzan por que comprenda sus efectos maravillosos. Él ríe con gracia, como quien por decoro desea adaptarse a la situación durante unos minutos, porque es muy bien educado.

Todos ríen mucho, pues el hombre que ha tomado el hachís está en la primera fase, dotado de un admirable sentido de lo cómico. Continúan las carcajadas, los disparates incomprensibles, los juegos de palabras inextricables, los gestos extravagantes.

El músico declara que esa broma de artistas es mala y además tiene que ser muy fatigosa para sus autores. El júbilo aumenta.

«Esta broma puede ser buena para ustedes, pero no para mí», dice.

«Basta que sea buena para nosotros», replica egoístamente uno de los enfermos.

Llenan la sala de carcajadas interminables. El músico se enoja y quiere irse. Alguien cierra la puerta y oculta la llave. Otro se arrodilla delante de él y declara llorando, en nombre de todos los presentes, que si bien su inferioridad les inspira la compasión más profunda, no por eso dejará de animarlos una eterna benevolencia.

Le suplican que toque música y accede. Pero apenas el violín se hace oír, los sonidos que se difunden por la sala emocionan a algunos de los enfermos. Y todo se convierte en suspiros profundos, sollozos, gemidos desgarradores y torrentes de lágrimas.

El músico, asustado, se interrumpe y se cree en un manicomio. Se acerca a aquel cuya bienaventuranza hace más alboroto y le pregunta si sufre mucho y qué podría hacer para aliviarlo. Un hombre práctico, que tampoco ha probado la droga beatífica, propone limonada y ácidos. El enfermo, con éxtasis en los ojos, le contempla con un desprecio indecible y solamente su orgullo le salva de las injurias más graves.

¿Qué puede exasperar más, en efecto, a un enfermo de júbilo que el deseo de curarlo?

He aquí, en mi opinión, un fenómeno extremadamente curioso: una criada encargada de llevar tabaco y refrescos a personas drogadas con el hachís, viéndose rodeada de cabezas extrañas, de ojos desmesuradamente agrandados y de una atmósfera malsana causada por aquella locura colectiva, lanza una carcajada insensata y deja caer la bandeja, que se rompe con todas las tazas y los vasos, y huye a todo correr aterrorizada.

Todos ríen, y al día siguiente la criada confiesa que había sentido algo muy raro durante muchas horas, que había estado muy graciosa, muy… yo no sé cómo. Sin embargo, no había tomado hachís.

La segunda fase

La segunda fase se anuncia con una sensación de frescura en las extremidades y un gran debilitamiento. Tenéis, como se dice vulgarmente, manos de manteca, pesadez de cabeza y una estupefacción generalizada en todo vuestro ser.

Vuestros ojos se agrandan, parecen atraídos en todas las direcciones por un arrobamiento implacable. Vuestra faz palidece y se pone lívida y verdosa. Los labios se fruncen, se contraen y parecen querer introducirse en la boca. Roncos y profundos suspiros se escapan de vuestro pecho, como si vuestra naturaleza anterior no pudiera soportar el peso de la nueva.

Los sentidos adquieren una finura y una agudeza extraordinarias. Los ojos perforan el infinito, los oídos perciben los sonidos más imperceptibles en medio de los ruidos más estruendosos.

Comienzan las alucinaciones. Los objetos exteriores adquieren apariencias monstruosas. Se os presentan en formas desconocidas hasta entonces. Luego se deforman, se transforman y, finalmente, penetran en vuestro ser o bien vosotros penetráis en ellos.

Tienen lugar los equívocos más extraños, las trasposiciones de ideas más inexplicables. Los sonidos tienen color y los colores música. Las notas musicales son números y resolvéis, con una rapidez espantosa, prodigiosos cálculos aritméticos a medida que la música penetra en vuestros oídos.

Estáis sentados y fumáis, pero creéis que estáis sentados en vuestra pipa y que es vuestra pipa la que os fuma; sois vosotros quienes os exhaláis en la forma de nubes azuladas.

Os sentís bien así, y solamente os preocupa y os inquieta una cosa: ¿cómo os arreglaréis para salir de vuestra pipa?

Esa imaginación dura una eternidad. Un intervalo de lucidez os permite consultar el reloj mediante un gran esfuerzo. La eternidad ha durado un minuto. Otra corriente de ideas os arrastra y os arrastrará durante otro minuto en su torbellino viviente, y ese minuto será también una eternidad.

Las proporciones del tiempo y la existencia son desbaratadas por la multitud innumerable y por la intensidad de las ideas y sensaciones. Se viven muchas vidas de hombre en el término de una hora. Ése es el tema de La piel de zapa. Ya no existe ecuación entre los órganos y los goces.

De vez en cuando, la personalidad desaparece. Esa característica de objetividad que ciertos poetas panteístas y los grandes actores han perseguido llega a ser tal, que os confundís con los seres exteriores.

Heos aquí convertidos en árboles que le braman al viento y cantan las melodías vegetales a la naturaleza.

Ahora os cernís en el azul del cielo inmensamente agrandado. Todo dolor ha desaparecido. Ya no lucháis, os llevan; ya no sois dueños de vosotros mismos y no os afligís por ello. La idea del tiempo desaparecerá por completo en seguida.

Un pequeño despertar se produce todavía de cuando en cuando. Os parece que salís de un mundo maravilloso y fantástico. Es cierto que conserváis la facultad de observaros y mañana guardaréis el recuerdo de algunas de vuestras sensaciones. Pero no podréis aplicar esa facultad psicológica. Os desafío a que afiléis una pluma o un lápiz; sería una tarea superior a vuestras fuerzas.

Otras veces la música os recita poemas infinitos, os convierte en dramas espantosos o mágicos. Se asocia con los objetos que tenéis a la vista. Las pinturas del techo, inclusive las mediocres o malas, adquieren una vida terrible. El agua límpida y seductora se desliza por el césped que tiembla. Las ninfas de carnes resplandecientes os miran con grandes ojos más límpidos que el agua y que el azul celeste.

Ocuparéis vuestro puesto y desempeñaréis vuestro papel en los peores cuadros, en los papeles pintados más vulgares que tapizan las paredes de las posadas.

He observado que el agua adquiría un encanto espantoso para todas las mentes algo artistas iluminadas por el hachís. Las aguas corrientes, los surtidores, las cascadas armoniosas, la inmensidad azul del mar, ruedan, duermen y cantan en el fondo de vuestra mente. Acaso no fuera conveniente dejar a un hombre en ese estado a la orilla de un agua límpida, pues, como el pescador de la balada, tal vez se dejaría arrastrar por la Ondina.

Hacia el final de la velada se puede comer algo, pero esa operación no se realiza sin alguna dificultad. Uno se siente tan por encima de las realidades materiales que, en verdad, preferiría permanecer acostado de espaldas en el fondo de ese paraíso intelectual. Algunas veces, no obstante, el apetito se despierta de una manera extraordinaria, pero hace falta mucho valor para mover una botella, un tenedor o un cuchillo.

La tercera fase

La tercera fase, separada de la segunda por un acrecentamiento de la crisis, por una embriaguez vertiginosa seguida por un malestar nuevo, es algo indescriptible. Es lo que los orientales denominan el kief, la bienaventuranza absoluta. Ya no se trata de algo remolinante y tumultuoso. Es una beatitud apacible e inmóvil.

Quedan resueltos todos los problemas filosóficos. Todas las cuestiones difíciles contra las cuales batallan los teólogos y que desesperan a la humanidad razonadora, son límpidas y claras. Todas las contradicciones se transforman en unidad. El hombre ha pasado a ser Dios.

En vosotros hay algo que dice:

«Eres superior a todos los demás hombres, nadie comprende lo que piensas ni lo que sientes ahora. Son incapaces de comprender, inclusive, el amor inmenso que experimentas por ellos. Mas no hay que odiarlos por eso; hay que compadecerlos. Una inmensidad de dicha y de virtud se abre ante ti. Nadie sabrá jamás a qué grado de inteligencia y de virtud has llegado. Vive en la soledad de tu pensamiento y procura no afligir a los hombres».

Uno de los efectos más grotescos del hachís es el temor, llevado hasta la locura más meticulosa, de afligir a quienquiera que sea. Inclusive disfrazaríais, si pudierais hacerlo, el estado extranatural en que os encontráis para no causar inquietud al más insignificante de los hombres.

En ese estado supremo, el amor, en los espíritus afectuosos y artísticos, toma las formas más raras y se presta a las combinaciones más extravagantes. Un libertinaje desenfrenado puede amalgamarse con un sentimiento de paternidad ardiente y cariñosa.

Mi última observación no será la menos interesante.

Cuando en la mañana del día siguiente veis la luz del sol instalada en vuestra habitación, vuestra primera sensación es de profundo asombro. El tiempo había desaparecido por completo. Poco antes era la noche y, al presente, es el día.

«¿He dormido o no he dormido? ¿Mi embriaguez ha durado toda la noche y, suprimida la noción del tiempo, la noche entera apenas ha tenido para mí el valor de un segundo? ¿O bien he estado amortajado en los velos de un sueño repleto de visiones?». No es posible saberlo.

Os parece que experimentáis un bienestar y una agilidad mental maravillosos, y ninguna fatiga. Pero apenas os levantáis, un resto de la embriaguez se pone de manifiesto. Vuestras débiles piernas os conducen con timidez; teméis romperos como un objeto frágil. Una gran languidez, que no carece de encanto, se apodera de vuestro ánimo. Sois incapaces de trabajar y os falta energía para la acción.

Es el castigo merecido por la prodigalidad impía con la que habéis hecho tan gran gasto de fluido nervioso. Habéis arrojado vuestra personalidad a los cuatro vientos del cielo, y ahora se os hace difícil recogerla y concentrarla.

Yo no digo que el hachís produzca en todos los hombres todos los efectos que acabo de describir. Me he referido, más o menos —salvo algunas variantes—, a los fenómenos que se producen generalmente en los espíritus artísticos y filosóficos.

Pero hay temperamentos en los que esta droga no origina sino una locura bulliciosa, una alegría violenta que se parece al vértigo, a las danzas, los saltos, los pataleos y las carcajadas.

Tienen, por así decirlo, un hachís muy material. No pueden soportarlos los espiritualistas, quienes sienten por ellos una gran compasión. Su ruin personalidad se pone de manifiesto. Yo vi en una ocasión a un magistrado respetable, un hombre honorable —como se llaman a sí mismas las personas distinguidas—, uno de esos hombres cuya gravedad artificial siempre se impone, en el momento en que el hachís comenzaba a ejercer sus efectos, ponerse bruscamente a bailar un cancán de los más indecentes. El monstruo interior y verídico se ponía de manifiesto. Aquel hombre que juzgaba las acciones de sus semejantes, aquel Togatus, había aprendido, en secreto, a bailar el cancán.

Así pues, puede afirmarse que esa impersonalidad, ese objetivismo del que he hablado, y que no es sino el desarrollo excesivo del espíritu poético, no se encontrará nunca en el hachís de esa gente.

El gobierno de Egipto prohíbe la venta y el comercio del hachís, en el interior del país por lo menos. Los desdichados apasionados por él acuden al farmacéutico, con el pretexto de comprar otra droga, para adquirir su pequeña dosis preparada de antemano.

El gobierno egipcio hace bien. Un estado razonable no podría subsistir si se emplease el hachís, que no crea guerreros ni ciudadanos. En efecto, al hombre le está prohibido, bajo pena de decadencia y de muerte intelectual, alterar las condiciones primordiales de su existencia y romper el equilibrio entre el medio y sus facultades. Si existiera un gobierno interesado en corromper a sus gobernados, le bastaría con alentar el empleo del hachís.

Se dice que esta sustancia no origina daño físico alguno. Eso es cierto, por lo menos hasta el presente. Pero yo no sé hasta qué punto se puede decir que un hombre que no hace más que soñar y es incapaz de actuar goza de buena salud, aunque todos sus miembros se hallen en buen estado. La víctima es la voluntad, que es el don más precioso.

Jamás un hombre que puede procurarse instantáneamente, con una cucharada de dulce, todos los bienes del cielo y de la tierra, adquirirá la milésima parte de ellos por medio del trabajo. Y, ante todo, es necesario vivir y trabajar.

Se me ha ocurrido la idea de hablar del vino y del hachís en el mismo artículo porque hay en ellos algo que les es común, efectivamente: el excesivo desarrollo poético del hombre. La afición frenética del hombre a todas las sustancias, sanas o peligrosas, que exaltan su personalidad, atestigua su grandeza. Aspira constantemente a reanimar sus esperanzas y elevarse hacia lo infinito. Pero es necesario ver las consecuencias.

He aquí un licor que activa la digestión, fortifica los músculos y enriquece la sangre. Aun tomado en gran cantidad, no causa sino desórdenes muy breves. He allí una sustancia que interrumpe la función digestiva, debilita los miembros y puede causar una embriaguez de veinticuatro horas.

El vino exalta la voluntad y el hachís la aniquila. El vino es un sostén físico, y el hachís un arma para el suicidio. El vino hace bueno y sociable, pero el hachís aísla. El uno es, por decirlo así, laborioso, y el otro esencialmente perezoso.

¿Para qué trabajar, labrar, escribir, fabricar lo que sea, cuando se puede obtener el paraíso de un golpe?

En conclusión, el vino es para aquellos que trabajan y merecen beberlo. El hachís pertenece a la clase de los placeres solitarios; está hecho para los ruines ociosos. El vino es útil, pues produce resultados fructíferos. El hachís es inútil y peligroso.

Pongo fin a este artículo con unas bellas palabras que no me pertenecen, pues son de un notable filósofo poco conocido, Barbereau, teórico musical y profesor del Conservatorio.

Me hallaba junto a él en una sociedad donde algunas personas habían tomado el dichoso veneno, y me dijo en tono de desprecio infinito:

«No comprendo por qué el hombre racional y espiritual utiliza medios artificiales para alcanzar la beatitud poética, pues el entusiasmo y la voluntad bastan para elevarlo a una existencia sobrenatural. Los grandes poetas, los filósofos, los profetas, son seres que, mediante el puro y libre ejercicio de la voluntad, llegan a un estado en el que son al mismo tiempo la causa y el efecto, el sujeto y el objeto, el hipnotizador y el sonámbulo».

Yo pienso exactamente lo mismo.

A LOS BURGUESES

Vosotros sois la mayoría —número e inteligencia—; luego sois la fuerza, que es la justicia. Unos sabios, otros propietarios; llegará un día radiante en que los sabios sean propietarios, y los propietarios sabios. Entonces vuestro poder será completo, y nadie protestará contra él.

A la espera de esta armonía suprema, es justo que los que no son más que propietarios aspiren a convertirse en sabios; pues la ciencia es un goce no menos grande que la propiedad. Vosotros poseéis el gobierno de la ciudad, y eso es justo, pues sois la fuerza. Pero es necesario que seáis capaces de sentir la belleza; pues ninguno de vosotros puede hoy prescindir del poder, nadie tiene el derecho a prescindir de la poesía.

Podríais vivir tres días sin pan; sin poesía, nunca. Y se equivocan aquellos de vosotros que dicen lo contrario: no se conocen.

Los aristócratas del pensamiento, quienes reparten el elogio y la censura, aquellos que acaparan las cosas espirituales, os han dicho que no teníais derecho a sentir y a gozar: son unos fariseos. Pues vosotros poseéis el gobierno de una ciudad donde está el público del universo, y es preciso que seáis dignos de esta tarea.

Gozar es una ciencia, y el ejercicio de los cinco sentidos requiere una iniciación particular, que no se consigue más que por la buena voluntad y la necesidad.

Ahora bien, vosotros necesitáis arte.

El arte es un bien infinitamente precioso, un brebaje refrescante y reanimador, que restablece el estómago y el espíritu en el equilibrio natural del ideal. Vosotros concebís su utilidad, ¡oh burgueses! —legisladores o comerciantes—, cuando al sonar la séptima u octava hora vuestra fatigada cabeza se inclina sobre las brasas del hogar y las orejas del sillón.

Un deseo más ardiente, una ensoñación más activa, os descansarían entonces de la actividad cotidiana.

Pero los acaparadores han querido alejaros de las manzanas de la ciencia, porque la ciencia es su mostrador y su tienda, de las que se sienten infinitamente celosos. Si os hubieran negado el poder de fabricar obras de arte o de comprender los procedimientos según los cuales se fabrican, habrían afirmado una verdad que no os habría ofendido, porque los asuntos públicos y el comercio absorben las tres cuartas partes de vuestra jornada. En cuanto al tiempo de ocio, debe emplearse en el goce y la voluptuosidad.

Pero los acaparadores os han prohibido gozar, porque no tenéis el conocimiento de la técnica de las artes, como el de las leyes y de los negocios.

Sin embargo, es justo: si la ciencia llena las dos terceras partes de vuestro tiempo, que el sentimiento ocupe la tercera, y sólo por el sentimiento debéis comprender el arte; y sólo de este modo se alcanzará el equilibrio de fuerzas de vuestra alma.

La verdad, por ser múltiple, no es doble; y así como en vuestra política habéis ampliado los derechos y las ventajas, habéis establecido en las artes una comunión mayor y más abundante.

Vosotros, burgueses —reyes, legisladores o negociantes—, habéis creado colecciones, museos, galerías. Algunas de ellas, que hace dieciséis años sólo estaban abiertas a los acaparadores, abren ahora sus puertas a la multitud.

Os habéis asociado, habéis formado compañías y hecho préstamos para realizar la idea del futuro con toda su diversidad de formas: política, industrial y artística. En ninguna noble empresa habéis dejado la iniciativa a la minoría que protesta y sufre, que es, por otra parte, la enemiga natural del arte.

Pues dejarse adelantar en arte y en política equivale a suicidarse, y una mayoría no puede suicidarse.

Lo que habéis hecho por Francia lo habéis hecho por otros países. El Museo Español ha venido a aumentar el volumen de ideas generales sobre el arte que debéis poseer; pues sabéis perfectamente que, lo mismo que un museo nacional es una comunión cuya dulce influencia enternece los corazones y suaviza las voluntades, de la misma manera un museo extranjero es una comunión internacional donde dos pueblos, observándose y estudiándose con mayor comodidad, se penetran mutuamente y fraternizan sin discusión.

Vosotros sois los amigos naturales de las artes, porque sois ricos unos, sabios otros.

Cuando habéis dado a la sociedad vuestra ciencia, vuestra industria, vuestro trabajo, vuestro dinero, reclamáis que se os pague en placeres del cuerpo, de la razón y de la imaginación. Si recuperáis la cantidad de placeres necesaria para restablecer el equilibrio de todas las partes de vuestro ser, os sentiréis felices, hartos y benevolentes, lo mismo que la sociedad se sentirá feliz, harta y condescendiente cuando haya encontrado su equilibrio general y absoluto.

Es, por tanto, a vosotros, burgueses, a quienes este libro está naturalmente dedicado; pues todo libro que no se dirige a la mayoría —número e inteligencia— es un libro absurdo.

¿PARA QUÉ LA CRÍTICA?

¿Para qué? Inmenso y terrible punto de interrogación, que coge a la crítica por el cuello al primer paso que quiere dar en su primer capítulo.

En primer lugar, el artista reprocha a la crítica que no pueda enseñar nada al burgués —que no quiere ni pintar ni rimar— ni al arte, ya que es de sus entrañas de donde la crítica ha salido.

Y, sin embargo, ¡cuántos artistas de hoy sólo a ella deben su pobre fama! Es posible que este sea el verdadero reproche que haya que hacerle.

Habéis visto un Gavarni que representa a un pintor encorvado sobre su tela; detrás de él, un señor, grave, seco, estirado y de corbata, que tiene en la mano su último folletín.

—«Si el arte es noble, la crítica es santa».

—¿Quién dice eso?

—La crítica.

Si el artista representa tan fácilmente el mejor papel es porque el crítico, sin duda, es un crítico como hay tantos.

En materia de medios y procedimientos tomados de las obras mismas, el público y el artista no tienen nada que aprender. Esas cosas se aprenden en el taller, y el público no se preocupa más que del resultado.

Creo sinceramente que la mejor crítica es la que es amena y poética; no esa otra, fría y algebraica, que, bajo pretexto de explicarlo todo, no siente ni odio ni amor, y se despoja voluntariamente de toda clase de temperamento. Por el contrario, al ser un cuadro bello la naturaleza reflejada por un artista, la crítica debe ser del cuadro reflejado por un espíritu inteligente y sensible. Así, la mejor reseña de un cuadro podrá ser un soneto o una elegía.

Pero ese género de crítica está destinado a los libros de poesía y a los lectores poéticos. En cuanto a la crítica propiamente dicha —espero que los filósofos comprenderán lo que voy a decir—, para ser justa, es decir, para tener su razón de ser, la crítica ha de ser parcial, apasionada, política; es decir, hecha desde un punto de vista exclusivo, pero desde el punto de vista que abra el máximo de horizontes.

Exaltar la línea en detrimento del color, o el color a expensas de la línea, sin duda es un punto de vista; aunque no es ni muy amplio ni muy justo, y acusa una gran ignorancia de los destinos particulares.

Ignoráis en qué dosis ha mezclado la naturaleza en cada espíritu el gusto por la línea y el gusto por el color, y por qué misteriosos procedimientos ha operado esa fusión, cuyo resultado es un cuadro.

De modo que un punto de vista más amplio será el individualismo bien entendido: pedir al artista la ingenuidad y la expresión sincera de su temperamento, ayudado por todos los medios que le proporciona su oficio. Aquel que no tiene temperamento no es digno de hacer cuadros, y —como estamos cansados de los imitadores, y en particular de los eclécticos— debe entrar como obrero al servicio de un pintor con temperamento. Esto es lo que demostraré en uno de los últimos capítulos.

En lo sucesivo, provisto de un criterio cierto —criterio sacado de la naturaleza—, el crítico debe cumplir con pasión con su deber; pues no por ser crítico se es menos hombre, y la pasión aproxima a los temperamentos análogos y eleva la razón a nuevas alturas.

Stendhal ha dicho en alguna parte: «La pintura no es más que la moral construida». Si entendéis la palabra moral en un sentido más o menos liberal, se puede decir lo mismo de todas las artes. Como son siempre lo bello expresado por el sentimiento, la pasión y la ensoñación de cada cual —es decir, la variedad en la unidad, o los diversos aspectos de lo absoluto—, la crítica toca a cada instante con la metafísica.

Cada siglo, cada pueblo, al haber poseído la expresión de su belleza y de su moral —si se quiere entender por romanticismo la expresión más reciente y la más moderna de la belleza—, el gran artista será, pues, para el crítico razonable y apasionado, el que una a la condición requerida más arriba —la ingenuidad— el mayor romanticismo posible.

A propósito del individualismo bien entendido, ver en el Salón de 1845 el artículo sobre William Haussoullier. Pese a todos los reproches que se me han hecho al respecto, persisto en mi sentimiento. Pero hay que comprender el artículo.

(Nota de Baudelaire.)

Stendhal, en su Historia de la pintura en Italia. Stendhal entiende —convertido en sentido geométrico—...

(Nota del autor, parcialmente ilegible y truncada en el original.)

¿QUÉ ES EL ROMANTICISMO?

Pocas personas querrán hoy dar a esta palabra un sentido real y positivo

¿Se atreverán a afirmar, sin embargo, que una generación consienta en librar una batalla de varios años por una bandera que no es un símbolo?

Recuérdense las discordias de estos últimos tiempos, y se verá que, si han quedado pocos románticos, es porque pocos de ellos han encontrado el romanticismo; pero todos lo han buscado sincera y lealmente.

Algunos sólo se han dedicado a la elección de los temas; no tenían el temperamento adecuado para ellos. Otros, creyendo todavía en una sociedad católica, han tratado de reflejar el catolicismo en sus obras. Llamarse romántico y mirar sistemáticamente al pasado es contradecirse. Estos, en nombre del romanticismo, han blasfemado de griegos y romanos: ahora bien, se pueden hacer romanos y griegos románticos cuando uno mismo lo es.

La verdad en el arte y en el color local ha desorientado a otros muchos. El realismo existía mucho tiempo antes de esta gran batalla y, además, componer una tragedia o un cuadro para el señor Raoul Rochette implica exponerse a recibir un desmentido del primer llegado, si es más sabio que el señor Raoul Rochette.

El romanticismo no está precisamente en la elección de los temas ni en la verdad exacta, sino en la manera de sentir.

Han buscado fuera, y sólo dentro era posible encontrarlo.

Para mí, el romanticismo es la expresión más reciente, la más actual, de lo bello.

Un anacrónico como idea

Existen tantas bellezas como maneras habituales de buscar la felicidad.

La filosofía del progreso lo explica claramente; lo mismo que ha habido tantos ideales cuantas maneras han tenido los pueblos de entender la moral, el amor, la religión, etc., el romanticismo no consistirá en una ejecución perfecta, sino en una concepción análoga a la moral del siglo.

Precisamente porque algunos lo han situado en la perfección del oficio, es por lo que hemos tenido el rococó del romanticismo, sin discusión el más insoportable de todos.

Ante todo, es preciso conocer los aspectos de la naturaleza y las situaciones humanas que los artistas del pasado desdeñaron o desconocieron.

Quien dice romanticismo dice arte moderno —es decir, intimidad, espiritualidad, color, aspiración al infinito—, expresados por todos los medios que contienen las artes.

De ello se deduce que hay una contradicción evidente entre el romanticismo y las obras de sus principales sectarios.

¿Qué tiene de sorprendente que el color juegue un papel muy importante en el arte moderno? El romanticismo es hijo del Norte, y el Norte es colorista; los ensueños y las hechicerías son hijos de la bruma. Inglaterra, esa patria de coloristas exasperados, Flandes, la mitad de Francia, están inmersos en neblinas; la propia Venecia se baña en las lagunas. En cuanto a los pintores españoles, son más contrastados que coloristas.

En cambio, el Mediodía es naturalista, pues allí la naturaleza es tan bella y clara que el hombre, al no tener nada que desear, no encuentra nada más bello para inventar que lo que ve: aquí, el arte al aire libre; y unos cientos de leguas más arriba, los sueños profundos del estudio y las miradas de la fantasía ahogadas en los horizontes grises.

El Mediodía es brutal y positivo como un escultor en sus composiciones más delicadas; el Norte, sufriente e inquieto, se consuela con la imaginación y, si hace escultura, será con más frecuencia pintoresca que clásica.

Rafael, por puro que sea, sólo es un espíritu material de buscar lo sólido; pero ese canalla de Rembrandt es un poderoso idealista que hace sonar y adivinar un más allá. Uno compone criaturas en estado nuevo y virginal —Adán y Eva—, el otro sacude las miserias ante nuestros ojos y nos narra los sufrimientos humanos.

Sin embargo, Rembrandt no es un colorista puro, sino un armonista; ¡qué nuevo será el efecto y qué adorable el romanticismo si un poderoso colorista nos presenta nuestros sentimientos y nuestros sueños más queridos con un color apropiado a los temas!

Antes de pasar a examinar al hombre que es, hasta el momento, el más digno representante del romanticismo, quiero escribir sobre el color una serie de reflexiones que no resultarán inútiles para la plena comprensión de este librito.

DEL COLOR

Supongamos un bello espacio natural donde todo verdea, rojea, polvorea y tornasola en plena libertad, donde todas las cosas, diversamente coloreadas según su constitución molecular, transformadas de segundo en segundo por el desplazamiento de la sombra y de la luz, y agitadas por el trabajo interior del calórico, se encuentran en perpetua vibración, que hace temblar las líneas y completa la ley del movimiento eterno y universal.

Una inmensidad azul, a veces, y verde, a menudo, se extiende hasta los confines del cielo: es el mar. Los árboles son verdes, las hierbas verdes, los musgos verdes; el verde serpentea en los troncos, los tallos inmaduros son verdes; el verde es el fondo de la naturaleza, porque el verde casa fácilmente con todos los demás tonos. Lo que ante todo me choca es que, por todas partes —amapolas entre la hierba, adormideras, papagayos, etc.—, el rojo canta la gloria del verde; el negro —cuando lo hay—, cero solitario e insignificante, solicita la ayuda del azul o del rojo. El azul, es decir, el cielo, está cortado por ligeros copos blancos o por masas grises que templan felizmente su apagada crudeza, y como el vapor de la estación —invierno o verano— baña, suaviza o engulle los contornos, la naturaleza se parece a una peonza que, movida en una acelerada velocidad, nos parece gris, aunque resuma en sí todos los colores.

La savia asciende y, mezcla de principios, se dilata en tonos mezclados; los árboles, las rocas, los granitos se miran en las aguas y dejan sus reflejos; todos los objetos transparentes capturan a su paso luces y colores próximos y lejanos. A medida que el astro se desplaza, los tonos cambian de valor, pero respetando siempre sus simpatías y odios naturales, continúan viviendo en armonía mediante recíprocas concesiones. Las sombras se desplazan lentamente y a su paso hacen huir o apagan los tonos, a medida que la luz, desplazada también, quiere hacerlos resonar de nuevo. Estos lanzan sus reflejos y, modificando sus calidades, enriqueciéndolas de calidades transparentes y prestadas, multiplican al infinito sus melodiosas alianzas haciéndolas más fáciles. Cuando el astro desciende a las aguas, rojas fanfarrias se alzan por todas partes; una armonía sangrienta estalla en el horizonte, y el verde se empurpura con grandeza. Pero pronto vastas sombras azules ahuyentan ante ellas, en cadencia, la multitud de tonos anaranjados y rosas tiernos, que son como el eco lejano y debilitado de la luz. Esta gran sinfonía del día, que es la eterna variación de la sinfonía de ayer, esta sucesión de melodías, en la que la variedad surge siempre del infinito, este himno complejo se llama color.

Encontramos en el color la armonía, la melodía y el contrapunto.

Si queremos examinar el detalle dentro del detalle, sobre un objeto de dimensión mediana —por ejemplo, la mano de una mujer algo sanguínea, algo delgada y de una piel muy fina—, veremos que hay una armonía perfecta entre el verde de las gruesas venas que la surcan y los tonos sanguinolentos que marcan los nudillos; las uñas rosas resaltan sobre la primera falange que posee algunos tonos grises y pardos. En cuanto a la palma, las líneas de la vida, más rosas y más vinosas, están separadas entre sí por el sistema de venas verdes o azules que las atraviesan. El estudio del mismo objeto efectuado con una lupa aportará, en no importa qué espacio, por pequeño que sea, una armonía perfecta de tonos grises, azules, pardos, verdes, anaranjados y blancos reanimados por un poco de amarillo; armonía que, combinada con las sombras, produce el modelado de los coloristas, esencialmente diferente del modelado de los dibujantes, para quienes las dificultades se reducen, poco más o menos, a copiar una escayola.

El color es, por consiguiente, el acorde de dos tonos. El tono cálido y el tono frío, en cuya oposición se fundamenta toda la teoría, no pueden definirse de una manera absoluta: sólo existen relativamente.

La lupa es el ojo del colorista.

No quiero sacar la conclusión de que un colorista ha de proceder mediante el estudio minucioso de los tonos confundidos en un espacio muy limitado. Pues, admitiendo que cada molécula esté dotada de un tono particular, sería necesario que la materia fuera divisible hasta el infinito; y por otra parte, al no ser el arte más que una abstracción y un sacrificio del detalle al conjunto, es importante ocuparse sobre todo de las masas. Pero quería probar, si el caso fuera posible, que los tonos, por muy numerosos que fueran, pero lógicamente yuxtapuestos, se fundirían naturalmente por la ley que los rige. Las afinidades químicas son la razón por la cual la naturaleza no puede cometer faltas en la ordenación de esos tonos; para ella, forma y color son uno.

El verdadero colorista tampoco las puede cometer; y todo le está permitido, porque conoce de nacimiento la gama de los tonos, la fuerza del tono, los resultados de las mezclas, y toda la ciencia del contrapunto, y puede así hacer una armonía de veinte rojos diferentes. Esto es tan cierto que, si a un propietario anticolorista se le ocurriera pintar su campo de una manera absurda y en un sistema de colores estrepitosos, el barniz espeso y transparente de la atmósfera y el sabio ojo de Veronés rehacerían el conjunto y producirían sobre la tela un conjunto satisfactorio, sin duda convencional, pero lógico.

Lo que explica cómo un colorista puede ser paradójico en su manera de expresar el color, y cómo el estudio de la naturaleza conduce a menudo a un resultado completamente distinto de la naturaleza. El aire juega un papel tan importante en la teoría del color que, si un paisajista pintara las hojas de los árboles tal como las ve, obtendría un tono falso, teniendo en cuenta que hay un espacio de aire bastante menor entre el espectador y el cuadro que entre el espectador y la naturaleza.

Las mentiras son continuamente necesarias, incluso para llegar al efecto. La armonía es la base de la teoría del color.

La melodía es la unidad en el color, o el color general. La melodía precisa una conclusión; es un conjunto en el que todos los efectos participan en un efecto general.

De este modo, la melodía deja en el espíritu un recuerdo profundo. A la mayoría de nuestros jóvenes coloristas les falta melodía.

La mejor manera de saber si un cuadro es melodioso es mirarlo desde lo bastante lejos para no comprender ni el tema ni las líneas. Si es melodioso, ya tiene un sentido, y ha ocupado ya su lugar en el repertorio de los recuerdos. El estilo y el sentimiento en el color provienen de la elección, y la elección proviene del temperamento.

Hay tonos alegres y retozones, retozones y tristes, ricos y alegres, ricos y tristes, vulgares y originales.

Por ejemplo, el color de Veronés es tranquilo y alegre. El color de Delacroix es a menudo quejumbroso, y el color del señor Catlin a menudo terrible.

He tenido mucho tiempo ante mi ventana un cabaret pintado a medias de verde y de rojo crudos, que eran para mis ojos un dolor delicioso.

Es frecuente preguntar si el mismo hombre puede ser a la vez gran colorista y gran dibujante. Sí y no, pues hay diferentes clases de dibujos.

La calidad de un puro dibujante consiste principalmente en la finura, y esta finura excluye la pincelada; ahora bien, hay pinceladas acertadas, y el colorista encargado de expresar la naturaleza mediante el color, a menudo perdería más suprimiendo las pinceladas acertadas que buscando una mayor austeridad del dibujo.

El color no excluye, desde luego, el gran dibujo, el de Veronés, por ejemplo, que actúa principalmente por el conjunto y las masas; sino el dibujo del detalle, el contorno del pequeño fragmento, donde la pincelada se comerá siempre a la línea.

El amor al aire, la elección de los temas en movimiento, precisan del empleo de las líneas flotantes y diluidas.

Los que son exclusivamente dibujantes siguen un procedimiento inverso y, sin embargo, análogo. Atentos a seguir y a sorprender la línea en sus ondulaciones más secretas, no tienen tiempo de ver el aire y la luz, es decir, sus efectos, e incluso se esfuerzan por no verlos, para no perjudicar los principios de su escuela.

Por tanto, se puede ser a la vez colorista y dibujante, pero sólo en un cierto sentido. Así como un dibujante puede ser colorista para las grandes masas, de modo semejante un colorista puede ser dibujante por una lógica completa del conjunto de las líneas; pero una de esas cualidades absorbe siempre el detalle de la otra. Los coloristas dibujan como la naturaleza; sus figuras están naturalmente delimitadas por la lucha armoniosa de las masas coloreadas.

Los dibujantes puros son filósofos y alquimistas de quintaesencia.

Los coloristas son poetas épicos.

¿POR QUÉ ES ABURRIDA LA ESCULTURA?

El origen de la escultura se pierde en la noche de los tiempos; así pues, es un arte de caribeños. En efecto, podemos observar que todos los pueblos tallan muy diestramente fetiches mucho antes de abordar la pintura, que es un arte de razonamiento profundo y cuyo goce mismo exige una iniciación particular.

La escultura se aproxima mucho más a la naturaleza, y por eso nuestros propios campesinos, que disfrutan a la vista de un trozo de madera o de piedra industriosamente torneado, se quedan alelados ante el aspecto de la más hermosa pintura. Allí existe un misterio singular de naturaleza impalpable. La escultura tiene varios inconvenientes que son consecuencia necesaria de sus medios. Brutal y positiva como la naturaleza, es al mismo tiempo vaga e inasible, porque muestra demasiados aspectos a la vez. En vano el escultor se esfuerza por situarse en un punto de vista único; el espectador que gira en torno a la figura puede elegir cien puntos de vista diferentes, excepto el bueno, y sucede a menudo, lo que es humillante para el artista, que una luz casual, un efecto de lámpara, descubra una belleza que no es la que él había pensado. Un cuadro no es más que lo que él quiere; no hay manera de mirarlo de otra forma que como es. La pintura no tiene más que un punto de vista; es exclusiva y despótica: también la expresión del pintor es mucho más fuerte.

Esa es la razón por la que es tan difícil ser entendido en escultura como hacerla mal. He oído decir al escultor Préault: "Yo entiendo de Miguel Ángel, de Jean Goujon, de Germain Pilon; pero de escultura no entiendo." Es evidente que se refería a la escultura de los escultores, dicho de otro modo, de los caribeños.

Nacida en la época salvaje, la escultura, en su desarrollo más sobresaliente, no es más que un arte complementario. Ya no se trata de tallar industriosamente figuras portátiles, sino de asociarse humildemente a la pintura y a la arquitectura, y de satisfacer sus intenciones. Las catedrales se elevan hacia el cielo y colman las mil profundidades de sus abismos con esculturas que forman carne y cuerpo con el monumento; esculturas pintadas —fíjense bien en esto—, en las que los colores puros y simples, pero dispuestos en una gama particular, armonizan con el resto y completan el efecto poético de la gran obra. Versalles alberga su pueblo de estatuas bajo las umbrías que le sirven de fondo, o bajo bosquecillos de aguas vivas que derraman sobre ellas los mil diamantes de la luz. En todas las grandes épocas es la escultura un complemento; al comienzo y al fin, es un arte aislado.

Tan pronto como la escultura consiente en ser vista de cerca no hay minucias y puerilidades a las que no se atreva el escultor, que superan victoriosamente todas las pipas de la paz y todos los fetiches. Cuando se ha convertido en un arte de salón o de dormitorio, vemos aparecer a los caribeños del encaje, como el Sr. Gayrard, y a los caribeños de la arruga, del pelo y de la verruga, como el Sr. David.

Después, a los caribeños del morillo, del reloj, del escritorio, etc., como el Sr. Cumberworth, cuya María es una chica pan todo en el Louvre y en casa Susse; estatua o candelabro; como el Sr. Feuchère, que posee el don de una universalidad desesperante: figuras colosales, portacerillas, motivos de orfebrería, bustos y bajorrelieves, es capaz de todo. El busto de un comediante bastante conocido que ha hecho este año no tiene mayor parecido que el del año pasado; no son nunca más que aproximaciones. Aquel se parecía a Jesucristo, y este, seco y mezquino, no expresa en absoluto la fisonomía original, angulosa, burlona y flotante del modelo. Por lo demás, no se debe creer que esas gentes carezcan de ciencia. Son eruditos como los vaudevillistas y los académicos; ponen a disposición todas las épocas y todos los géneros; han profundizado en todas las escuelas. Transformarían encantados las tumbas de Saint-Denis en cajas de cigarrillos o en cachemiras, y todos los bronces florentinos en piezas de dos céntimos. Para tener una información más amplia sobre los principios de esta escuela retozona y frívola, habría que dirigirse al Sr. Klagmann, que es, creo, el maestro de ese inmenso taller.

Lo que demuestra bien el lamentable estado de la escultura es que el Sr. Pradier es el rey. Al menos este sabe hacer la carne, y tiene delicadezas propias de tijera; pero no posee ni la imaginación necesaria para las grandes composiciones, ni la imaginación para el dibujo. Es un talento frío y académico. Se ha pasado la vida enriqueciendo algunos torsos antiguos, y ajustándoles sobre el cuello peinados de chicas entretenidas. La Poesía ligera parece tanto más fría cuanto más amanerada; la ejecución no es tan espesa como en las antiguas obras del Sr. Pradier y, vista de espaldas, el aspecto es espantoso. Ha hecho además dos figuras de bronce —Anacreonte y La Prudencia— que son impúdicas imitaciones de lo antiguo, y demuestran bien que sin esa noble muleta el Sr. Pradier cojearía a cada paso.

El busto es un género que exige menos imaginación y facultades menos elevadas que la gran escultura, aunque no menos delicadas. Es un arte más íntimo y más limitado en el que los éxitos son menos públicos.

Es necesario, como en el retrato hecho a la manera de los naturalistas, comprender perfectamente bien el carácter principal del modelo y expresar su poesía; pues hay pocos modelos desprovistos de poesía. Casi todos los bustos del Sr. Dantan están realizados según las mejores doctrinas. Tienen todos un sello particular, y el detalle no excluye una ejecución amplia y fácil.

El principal defecto del Sr. Lenglet es, por el contrario, una cierta timidez, puerilidad, sinceridad excesiva en el trabajo, que da a su obra una apariencia de sequedad; pero, en revancha, es imposible dar un carácter más auténtico y verdadero a una figura humana. Este pequeño busto, encogido, serio y arrugado, tiene el magnífico carácter de las buenas obras romanas, que es la idealización encontrada en la propia naturaleza. Observo, además, en el busto del Sr. Lenglet otro signo específico de las figuras antiguas: el de una atención profunda.

EL PÚBLICO MODERNO Y LA FOTOGRAFÍA

Mi querido M..., si tuviera tiempo para entretenerlo, lo conseguiría fácilmente hojeando el catálogo y haciendo un extracto de todos los títulos ridículos y de todos los temas chuscos que tienen la ambición de llamar la atención. Es el espíritu francés. Tratar de sorprender con medios de asombro ajenos al arte en cuestión es el gran recurso de las gentes que no son naturalmente pintores. Algunas veces incluso, pero siempre en Francia, ese vicio penetra en hombres que no están desprovistos de talento y que lo deshonran así con una mezcla adúltera. Podría hacer desfilar ante sus ojos el título cómico a la manera de los vaudevillistas, el título sentimental al que sólo le falta el punto de exclamación, el título retruécano, el título profundo y filosófico, el título engañoso, o título con trampa, del tipo de: Bruto, suela a Charl o ¡Oh, raza incrédula y depravada! —dice Nuestro Señor—, ¿hasta cuándo estaré con vosotros?, ¿hasta cuándo sufriré?

Esta raza, en efecto, artistas y público, tiene tan poca fe en la pintura, que busca incesantemente disfrazarla y envolverla como una medicina desagradable en cápsulas de azúcar. ¡Y qué azúcar, por Dios! Le señalaré dos títulos de cuadros que por lo demás no he visto: Amor y estofado. La curiosidad se centra de inmediato en el apetito, ¿no es cierto? Intento combinar íntimamente esas dos ideas, la idea del amor y la idea de un conejo desollado y compuesto en guiso. Realmente no puedo suponer que la imaginación del pintor haya llegado hasta adaptar un carcaj, alas y una venda sobre el cadáver de un animal doméstico; la alegoría sería verdaderamente demasiado oscura. Antes bien, creo que el título ha sido compuesto siguiendo la receta de Misantropía y arrepentimiento. El verdadero título sería, por lo tanto: Personas enamoradas comiendo un estofado de conejo. Y ahora, ¿son jóvenes o viejos, un obrero y una modistilla, o bien un inválido y una vagabunda bajo una bóveda polvorienta? Habría que haber visto el cuadro.

Mendigo, católico y soldado. Este es del género noble, el género paladín. Itinerario de París a Jerusalén (Chateaubriand, ¡perdón! Las cosas más nobles pueden convertirse en causa de caricatura, y las palabras políticas de un jefe de imperio en histrionismo de aprendiz). Ese cuadro solo puede representar a un personaje que hace tres cosas a la vez: se bate, comulga y asiste al despertar de Luis XIV. Puede que sea un guerrero tatuado de flores de lis y de imágenes religiosas. ¿Pero para qué desorientarse? Digamos simplemente que se trata de un medio pérfido y estéril de asombro. Lo más deplorable es que el cuadro, por singular que esto pueda parecer, puede ser bueno. Amor y estofado de conejo también. No he visto un excelente grupito de escultura del que, desgraciadamente, no había anotado el número, y cuando he querido conocer el tema, he releído cuatro veces infructuosamente el catálogo. Por último, usted me ha hecho saber caritativamente que se llamaba Siempre y Nunca. Me he sentido sinceramente afligido al ver que un hombre de verdadero talento cultivaba inútilmente el jeroglífico.

Le pido perdón por haberme distraído unos instantes a la manera de los pequeños periódicos. Pero, por frívolo que le parezca el tema, encontrará sin embargo, examinándolo bien, un síntoma deplorable. Para concretarme en forma paradójica, le pediré a usted y a aquellos de sus amigos que están más instruidos que yo en la historia del arte, si el gusto de lo tonto, el gusto de lo espiritual (que es lo mismo), han existido en todos los tiempos, si Se alquila apartamento y otros conceptos alambicados han surgido en todas las épocas para despertar el mismo entusiasmo, si la Venecia de Veronés y de Bassano ha estado aquejada por esos logogrifos, si los ojos de Julio Romano, de Miguel Ángel, de Bandinelli se han pasmado por semejantes monstruosidades; pregunto, en una palabra, si el Sr. Biard es eterno y omnipresente, como Dios. No lo creo, y considero esos horrores una gracia especial atribuida a la raza francesa. Que esos artistas le inoculen el gusto, eso es cierto; que exija de ellos que satisfagan tal necesidad, es no menos cierto; pues si el artista embrutece al público, éste le corresponde. Son dos términos correlativos que actúan uno sobre otro con igual potencia. Admiremos también con qué rapidez nos sumimos en la vía del progreso (entiendo por progreso la dominación progresiva de la materia), y qué maravillosa difusión se hace todos los días de la habilidad común, la que puede adquirirse mediante la paciencia.

Entre nosotros, el pintor natural, lo mismo que el poeta natural, es casi un monstruo. Aquí, el gusto exclusivo de lo Verdadero (tan noble cuando está limitado a sus legítimas aplicaciones) oprime y sofoca el gusto de lo Bello. Donde no habría que ver más que lo Bello (imagino una bella pintura, y se puede adivinar fácilmente la que imagino), nuestro público sólo busca lo Verdadero. No es artista, naturalmente artista; filósofo quizá, moralista, ingeniero, aficionado a las anécdotas instructivas, todo lo que se quiera, pero nunca espontáneamente artista. Siente, o mejor, juzga sucesivamente, analíticamente. Otros pueblos, más favorecidos, sienten enseguida, de una vez, sintéticamente.

Hablaba anteriormente de los artistas que tratan de asombrar al público. El deseo de asombrar y de sentirse asombrado es muy legítimo. It is a happiness to wonder, es una felicidad sentirse asombrados; pero también, it is a happiness to dream, es una felicidad soñar. Todo el problema, si exige que yo le confiera el título de aficionado a las bellas artes, consiste en saber mediante qué procedimientos desea crear o sentir el asombro. Porque lo Bello es siempre asombroso, sería absurdo suponer que lo que asombra es siempre bello. Ahora bien, nuestro público, singularmente impotente para sentir la felicidad del ensueño o de la admiración (signo de la pequeñez de espíritu), quiere que se le asombre con medios ajenos al arte, y sus obedientes artistas se conforman a su gusto; quieren impresionarlos, sorprenderlos, pasmarlos mediante estratagemas indignas, porque le saben incapaz de extasiarse ante la táctica natural del arte verdadero.

En esos días deplorables, una industria nueva se dio a conocer y contribuyó no poco a confirmar la fe en su necedad y a arruinar lo que podía quedar de divino en el espíritu francés. Esta multitud idólatra postulaba un ideal digno de ella y apropiado a su naturaleza, eso por supuesto. En materia de pintura y de estatuaria, el credo actual de las gentes de mundo, sobre todo en Francia (y no creo que nadie se atreva a afirmar lo contrario), es éste: —Creo en la naturaleza y no creo más que en la naturaleza (hay buenas razones para ello). Creo que el arte es y no puede ser más que la reproducción exacta de la naturaleza (una secta tímida y disidente quiere que se desechen los objetos de naturaleza repugnante, como un orinal o un esqueleto). De este modo, la industria que nos daría un resultado idéntico a la naturaleza sería el arte absoluto—. Un Dios vengador ha atendido a los ruegos de esta multitud. Daguerre fue su Mesías. Y entonces se dice: —Puesto que la fotografía nos da todas las garantías deseables de exactitud (eso creen, los insensatos), el arte es la fotografía—.

A partir de ese momento, la sociedad inmunda se precipitó, como un solo Narciso, a contemplar su trivial imagen sobre el metal. Una locura, un fanatismo extraordinario se apoderó de todos esos nuevos adoradores del sol. Se produjeron extraños horrores. Asociando y agrupando a truhanes y truhanas, emperifollados como los matarifes y las lavanderas en el Carnaval, rogando a esos héroes que quisieran mantener, durante el tiempo necesario para la operación, su mueca de circunstancia, se deleitaban reproduciendo las escenas, trágicas o graciosas, de la historia antigua. Algún escritor demócrata ha debido encontrar el medio barato de difundir entre el pueblo el gusto por la historia y por la pintura, cometiendo así un doble sacrilegio e insultando a un tiempo a la divina pintura y al arte sublime del comediante.

Poco tiempo después, millares de ojos ávidos se inclinaban sobre los agujeros del estereoscopio como sobre los tragaluces del infinito. El amor a la obscenidad, que es tan vivaz en el corazón natural del hombre como el amor a sí mismo, no dejó escapar tan buena ocasión de satisfacerse. Y no se diga que los niños que regresaban de la escuela eran los únicos en disfrutar de esas tonterías: suscitaron el entusiasmo de todos. He oído a una hermosa dama, una dama de la buena sociedad —no de la mía—, contestar a los que le ocultaban discretamente semejantes imágenes, encargándose así de sentir el pudor en su lugar: Dénmelo, no hay nada demasiado fuerte para mí. Juro haberlo oído, pero ¿quién me creerá? —Ya ven lo que son las grandes damas— dice Alexandre Dumas. —Las hay más grandes todavía— dice Cazotte.

Como la industria fotográfica era el refugio de todos los pintores fracasados, demasiado poco capacitados o demasiado perezosos para acabar sus estudios, ese universal entusiasmo no sólo ponía de manifiesto el carácter de la ceguera y de la imbecilidad, sino que también tenía el color de la venganza. Que tan estúpida conspiración, en la que se encuentran, como en todas las demás, los embaucadores y los embaucados, pueda triunfar de una manera absoluta, no puedo creerlo, o al menos no quiero creerlo; pero estoy convencido de que los progresos mal aplicados de la fotografía han contribuido mucho, como por otra parte todos los progresos puramente materiales, al empobrecimiento del genio artístico francés, ya tan escaso. Por más que la fatuidad moderna ruja, eructe todos los exabruptos de su rancia personalidad, vomite todos los sofismas indigestos con que la ha atiborrado hasta la saciedad una filosofía reciente, cae de su peso que la industria, al irrumpir en el arte, se convierte en la más mortal enemiga, y que la confusión de funciones impide cumplir bien ninguna. La poesía y el progreso son dos ambiciosos que se odian con un odio instintivo, y cuando coinciden en el mismo camino, uno de los dos ha de valerse del otro.

Si se permite que la fotografía supla al arte en algunas de sus funciones, pronto, gracias a la alianza natural que encontrará en la necedad de la multitud, lo habrá suplantado o totalmente corrompido. Es necesario, por tanto, que cumpla con su verdadero deber, que es el de ser la sirvienta de las ciencias y de las artes, pero la muy humilde sirvienta, lo mismo que la imprenta y la estenografía, que ni han creado ni suplantado a la literatura. Que enriquezca rápidamente el álbum del viajero y devuelva a sus ojos la precisión que falte a su memoria, que orne la biblioteca del naturalista, exagere los animales microscópicos, consolide incluso con algunas informaciones las hipótesis del astrónomo; que sea, por último, la secretaria y la libreta de cualquiera que necesite en su profesión de una absoluta exactitud material, hasta ahí tanto mejor. Que salve del olvido las ruinas colgantes, los libros, las estampas y los manuscritos que el tiempo devora, las cosas preciosas cuya forma va a desaparecer y que piden un lugar en los archivos de nuestra memoria, se le agradecerá y aplaudirá. Pero si se le permite invadir el terreno de lo impalpable y de lo imaginario, en particular aquel que sólo vale porque el hombre le añade su alma, entonces ¡ay de nosotros!

Sé que algunos me dirán: —La enfermedad que acaba de explicar es la de los imbéciles. ¿Qué hombre digno del nombre de artista y qué verdadero aficionado ha confundido nunca el arte con la industria?—. Lo sé, y sin embargo preguntaré a mi vez si creen en el contagio del bien y del mal, en la acción de las multitudes sobre los individuos y en la obediencia involuntaria, forzada, del individuo a la multitud. Que el artista influya sobre el público, y que el público reaccione sobre el artista, es una ley incontestable e irresistible; además los hechos, terribles testigos, son fáciles de estudiar; se puede constatar el desastre. De día en día el arte disminuye el respeto a sí mismo, se posterna ante la realidad exterior, y el pintor se inclina más y más a pintar, no lo que sueña, sino lo que ve. Sin embargo, es una felicidad soñar, y era una gloria expresar lo que se soñaba; pero, ¿qué digo? ¿Sigue conociendo esa felicidad?

¿Afirmará el observador de buena fe que la invasión de la fotografía y la gran locura industrial son por completo ajenas a ese deplorable resultado? ¿Está permitido suponer que un pueblo cuyos ojos se acostumbran a considerar los resultados de una ciencia material como los productos de lo bello no ha disminuido singularmente, al cabo de cierto tiempo, la facultad de juzgar y de sentir lo que hay de más etéreo e inmaterial?

EL GOBIERNO DE LA IMAGINACIÓN

Ayer por la noche, después de haberle enviado las últimas páginas de mi carta, en la que había escrito, aunque no sin cierta timidez: Como la imaginación ha creado el mundo, ella lo gobierna, hojeaba La cara nocturna de la naturaleza y caí sobre estas líneas, que cito únicamente porque son la paráfrasis justificativa de la línea que me inquietaba: «Mediante la imaginación no quiero solamente expresar la idea común implicada en esa palabra de la que tanto se abusa, que es simplemente fantasía, sino la imaginación creadora, que es una función mucho más elevada, y que, en tanto que el hombre está hecho a imagen de Dios, guarda una relación distante con ese poder sublime mediante el cual el Creador proyecta, crea y mantiene su universo».

No me siento en absoluto avergonzado, sino por el contrario muy contento de haber encontrado a esta excelente señora Crowe, en quien siempre he admirado la facultad de creer, tan desarrollada en ella como en otros la desconfianza. Decía que había escuchado, hace ya mucho tiempo, a un hombre verdaderamente sabio y profundo en su arte, expresar sobre este tema las ideas más amplias y, sin embargo, las más simples. Cuando le vi por primera vez no tenía otra experiencia que la que da un amor excesivo, ni otro razonamiento que el instinto. Es cierto que ese amor y ese instinto eran notablemente vivos; pues, demasiado joven, mis ojos llenos de imágenes pintadas o grabadas no habían podido nunca saciarse, y pienso que los mundos podrían acabar impavidum ferient ruinae, antes que yo me volviera iconoclasta.

Evidentemente, él quiso estar lleno de indulgencia y de complacencia, pues conversamos en un principio de lugares comunes, es decir, de las cuestiones más amplias y más profundas. Esto es, de la naturaleza, por ejemplo. «La naturaleza es sólo un diccionario», repetía frecuentemente. Para comprender bien la amplitud del sentido implicado en esta frase, hay que figurarse los usos numerosos y ordinarios del diccionario. Se busca el sentido de las palabras, la generación de las palabras, la etimología de las palabras; en fin, se extraen todos los elementos que componen una frase y un relato; pero nadie ha considerado nunca un diccionario como una composición en el sentido poético de la palabra.

Los pintores que obedecen a la imaginación buscan en su diccionario los elementos que concuerdan con su concepto; también, al ajustarlos con un cierto arte, les dan una fisonomía completamente nueva. Los que carecen de imaginación copian el diccionario. El resultado es un gran vicio, el vicio de la banalidad, que es particularmente propio de aquellos pintores a quienes su especialidad acerca más a la naturaleza exterior, por ejemplo, los paisajistas, que generalmente consideran como un triunfo no demostrar su personalidad. A fuerza de contemplar, olvidan sentir y pensar.

Para ese gran pintor, todas las partes del arte, de las que uno toma ésta y otro aquélla por principal, no eran, no son —quiero decir— sino los muy humildes servidores de una facultad única y superior. Si es necesaria una ejecución muy nítida, es para que el lenguaje del sueño sea traducido muy nítidamente; que sea muy rápida, es para que no se pierda nada de la impresión extraordinaria que acompañaba a la concepción. Que la atención del artista recaiga incluso en la limpieza de los utensilios, se concibe sin esfuerzo, al tener que tomar todas las precauciones para hacer la ejecución ágil y decisiva.

En un método semejante, que es esencialmente lógico, todos los personajes, su disposición relativa, el paisaje o el interior que les sirve de fondo o de horizonte, sus vestidos, todo, en fin, debe servir para iluminar la idea generadora y manifestar además su color original, sus características por así decirlo. Lo mismo que un sueño se sitúa en una atmósfera que le es propia, una concepción convertida en composición necesita moverse en un medio coloreado que le sea particular. Evidentemente, hay un tono particular atribuido a una parte cualquiera del cuadro que se hace clave y gobierna a los otros. Todo el mundo sabe que el amarillo, el naranja, el rojo, inspiran y representan ideas de alegría, de riqueza, de gloria y de amor; pero hay miles de atmósferas amarillas o rojas, y todos los demás colores se verán afectados lógicamente en una cantidad proporcional por la atmósfera dominante.

El arte del colorista, evidentemente, toca en ciertos aspectos con las matemáticas y la música. Sin embargo, sus operaciones más delicadas se hacen mediante un sentimiento al que un largo ejercicio ha dado una seguridad incalificable. Observamos que esta gran ley de armonía general condena muchas frivolidades y muchas crudezas, incluso en los pintores más ilustres. Hay cuadros de Rubens que no solo hacen pensar en fuegos artificiales coloreados, sino incluso en varios fuegos artificiales lanzados en el mismo lugar.

Cuanto más grande es un cuadro, más amplia ha de ser la pincelada, ni qué decir tiene; pero es bueno que las pinceladas no estén materialmente difuminadas; se difuminan naturalmente a una distancia deseada por la ley simpática que las ha asociado. El color obtiene así mayor energía y frescor. Un buen cuadro, fiel e igual al sueño que lo ha creado, debe ser producido como un mundo. Lo mismo que la creación, tal como la vemos, es el resultado de varias creaciones cuyos precedentes se completan siempre por la siguiente; así, un cuadro conducido armónicamente consiste en una serie de cuadros superpuestos, cada nueva capa dando al sueño mayor realidad y haciéndolo subir un grado hacia la perfección.

Por el contrario, recuerdo haber visto en los talleres de Paul Delaroche y de Horace Vernet grandes cuadros no bosquejados sino comenzados, es decir, absolutamente terminados en algunas partes, en tanto que otras no estaban todavía indicadas más que por un contorno negro o blanco. Podría compararse ese género de obra a un trabajo puramente manual que debe cubrir una determinada cantidad de espacio en un tiempo dado, o a un largo camino dividido en un gran número de etapas. Cuando se ha cubierto una etapa, no hay que volver a cubrirla, y cuando se ha recorrido todo el camino, el artista queda liberado de su cuadro.

Todos esos preceptos, evidentemente, están modificados más o menos por el diverso temperamento de los artistas. Sin embargo, estoy convencido de que es el método más seguro para las imaginaciones ricas. Consecuentemente, las desviaciones excesivas fuera del método en cuestión testimonian una importancia anormal e injusta dada a alguna parte secundaria del arte.

No me asusta que se diga que resulta absurdo suponer una misma educación aplicada a una multitud de individuos diferentes. Pues es evidente que las retóricas y las prosodias no son tiranías inventadas arbitrariamente, sino una colección de reglas reclamadas por la organización misma del ser espiritual. Y nunca las prosodias y las retóricas han impedido a la originalidad producirse distintamente. Lo contrario, a saber, que han ayudado a la eclosión de la originalidad, sería infinitamente más cierto.

Para ser breve, me veo obligado a omitir un sinfín de corolarios resultantes de la forma principal, en la que está, por así decirlo, contenido todo el formulario de la verdadera estética, y que puede expresarse así: todo el universo visible no es sino un almacén de imágenes y signos a los que la imaginación dará un lugar y un valor relativo; es una especie de pasto que la imaginación debe digerir y transformar. Todas las facultades del alma humana deben estar subordinadas a la imaginación, que las requisará todas a la vez. Lo mismo que conocer bien el diccionario no implica necesariamente el conocimiento del arte de la composición, y que el arte de la composición en sí no implica la imaginación universal, del mismo modo un buen pintor puede no ser un gran pintor. Pero un gran pintor es por fuerza un buen pintor, porque la imaginación universal entraña la inteligencia de todos los medios y el deseo de adquirirlos.

Es evidente que, de acuerdo con las nociones que acabo de dilucidar mejor o peor (¡habría tantas cosas que decir, particularmente sobre las partes concordantes de todas las artes y las semejanzas en sus métodos!), el conjunto inmenso de los artistas, es decir, de los hombres que se han dedicado a la expresión del arte, puede dividirse en dos campos bien diferenciados: éste, que se llama a sí mismo realista —palabra de doble significado cuyo sentido no está bien determinado—, y que nosotros llamaremos, para mejor caracterizar su error, positivista, dice: «Quiero representar las cosas tal y como son, o bien como serían, suponiendo que yo no existiera. El universo sin el hombre». Y este otro, el imaginativo, dice: «Quiero iluminar las cosas con mi espíritu y proyectar el reflejo sobre otros espíritus». Aunque esos dos métodos absolutamente contrarios puedan agrandar o empequeñecer todos los temas, desde la escena religiosa hasta el más modesto paisaje, no obstante, el hombre de imaginación ha tenido generalmente que darse a conocer en la pintura religiosa y en la fantasía, en tanto que la pintura llamada de género y el paisaje debían ofrecer en apariencia vastos recursos a los espíritus perezosos y difícilmente excitables.

Además de los imaginativos y los así llamados realistas, hay todavía una clase de hombres, tímidos y obedientes, que ponen todo su orgullo en obedecer un código de falsa dignidad. Mientras éstos creen representar la naturaleza y aquéllos quieren pintar su alma, otros se atienen a reglas de pura convención, del todo arbitrarias, no extraídas del alma humana, y simplemente impuestas por la rutina de un taller célebre. En esta clase tan numerosa, pero tan poco interesante, se incluyen los falsos aficionados a lo antiguo, los falsos aficionados al estilo y, en una palabra, todos los hombres que por su impotencia han elevado lo tópico a los honores del estilo.

CONTENIDO

www.ingramcontent.com/pod-product-compliance
Lightning Source LLC
Chambersburg PA
CBHW032258310726
48973CB00008B/2448
9798892673914